천민 출신 인도 총리
모디의 담대한 도전

저 낮은 곳을 향하여

천민 출신 인도 총리
모디의 담대한 도전

저 낮은 곳을 향하여

2023년 8월 1일 1판 1쇄 발행

지은이	우르비시 칸타리아
옮긴이	김성태
펴낸이	전남식

펴낸 곳　(주)그레이프미디어
서울특별시 광진구 광나루로56길 85 1904호
(구의동, 테크노마트 21)
Tel. 02 3424 4568　Fax 02 3424 4567
등록 2022. 3. 29　제 2022-000021호
www.grapemedia.co.kr

값　25,000원

ISBN　979-11-983516-0-9

FOR THE PEOPLE

Copyright c Urvish Kantharia
Korean Translation Copyright © 2023 by Grapemedia
Korean edition by arrangement with Publishing House
through lawyer J. D. Choi

이 책의 한국어판 저작권은 김상운 공인회계사를 통한 Publishing House와의 독점계약으로 그레이프 미디어에 있습니다. 저작권법에 의하여 한국 내에서 보호를 받는 저작물이므로 무단전재와 무단복제를 금합니다.

천민 출신 인도 총리
모디의 담대한 도전

저 낮은 곳을 향하여

GRAPEMEDIA

지은이 서문

"당신은 왜 이 책을 쓰고 있는가?"

책을 쓸 때마다 이런 질문을 받으면 귀가 번쩍 뜨인다. 감정을 끌어올리며 마음을 다잡아 그 이유를 정리해 답변을 하고 나면, 글이 리듬을 타듯이 풀려나간다.

분명히 말하지만, 이 책은 어떤 정치적인 목적을 가지고 손쉽게 써낸 글이 결코 아니다. 책의 내용은 거의 30년에 걸쳐 나렌드라 모디와 함께 하면서 그의 곁에서 보고 듣고 겪은 고된 여정의 결과물이다. 혹여, 나름 영광으로 여기고 싶은 부분이 있다면 오로지 진실을 밝히는 그것 하나뿐이다.

모디의 정치 역정을 다룬 이 책은 리더십의 기능적 측면을 중심으로 한 일종의 통합적인 사례 연구라 할 수 있다. 공공 시스템, 관리부서, 경제 및 정치 과학 분야의 학자와 실무자는 물론, 인도에 관심을 갖고 있는 사람들이라면 아주 유용하게 여길 것이다. 무려 14억에 달하는 인도인들을 상대할 때 발휘되는 리더십을 상상해 본 적이 있는가? 만일, 그 리더십의 영향을 다루는 건설적인 전기(傳記) 영화가 있다면 이 책을 보완하는 매우 바람직한 부록으로 쓰일 수 있을 것이다.

글의 내용에 꿈틀거리는 역동성이 워낙 강해서, 책을 읽어 내려가는 순간순간마다 새록새록 알토란 같은 교훈을 얻게 된다.

　책을 접하게 될 독자들의 시간 절약을 돕기 위해, 보다 충실하고 보다 쉽게 이해할 수 있게끔 다듬느라 최선을 다했다.

　지금 이 순간 그 동안 나의 집필 과정에 영감을 주고, 또 이 저작을 빛나게 해준 모든 분들에게 깊은 감사의 뜻을 전하고 싶다.

　주제가 조금씩 진화하며 대미를 장식해 나가는 것이 이 책의 매력적인 단면이기도 하다.

우르비시 칸타리아

2020년 1월

옮긴이 서문

한국과 인도의 동반자적 협력을 기원하며

대한민국이 현재 처한 국제정세는 한치 앞도 내다보기 어려울 만큼 불확실하다. 미중 갈등이 날로 증폭되고 있고, 러시아의 우크라이나 침공으로 인한 전쟁은 끝이 보이지 않는 형국이다. 이러한 상황에서 한국은 어디로 가야 하는 것일까? 우리의 선택이 이렇게 어려운 지경에 놓인 적은 없었던 것 같다. 나는 이런 시점에서 선택지의 하나로 인도와의 관계를 주목했고, 특히 나렌드라 모디 총리의 리더십에 관심을 가져왔다.

우리가 살고 있는 지구촌은 지금 메가트렌드의 전환기를 맞고 있다. 제2의 물결로 18세기 유럽에서 출발한 산업혁명의 유산과 성공은 전세계인들의 삶을 위협하는 역설에 싸여 있다. 약육강식의 자본 수탈에 혈안이 됐던 식민지정책과 그로 인한 폭력 전쟁, 이후 전개된 물질만능의 세계화는 무려 4세기가 지난 오늘날에도 인류의 미래를 암울하게 하고 있다. 나는 실천적인 미래 전략가로서 난마처럼 꼬여 있는 현상 타파의 대안으로 제4의 물결을 제안한 바 있다. 앨빈 토플러(Alvin Toffler)의 제3의 물결을 넘어 제4의 물결은 인간의 존엄성과 행복을 지향하는 인본주의와 인간의 창의성을 기반으로 하는 융합혁신경제를 지향한다. 나는 미래의 경제를 이렇듯 인간중심의 패러다임으로 바꿔야 할 때가 왔음을 줄곧 주창해 왔다.

　나는 대한민국이 제4의 물결의 흐름을 추구하기 위한 최우선의 모델이 인도와의 협력과 모디 총리의 리더십임을 확신하고, 이 책을 한국어로 번역할 것을 결심하게 됐다. 나는 대한민국의 초고속 인프라와 전자정부를 기획 추진해 세계 최초, 그리고 최고 수준으로 이끌고, UN세계전자정부평가위원장으로서 전 세계 인류를 위해 기여한 미래전략가이다. 모디의 리더십에는 내가 같은 맥락에서 제안한 제4의 물결의 비전과 행동철학이 담겨있어 크게 공감할 수 있었다. 모디 총리는 어린 시절부터 형님 소마바이 모디가 주지시켰던 "뜻이 있는 곳에 길이 있다"는 격언을 좌우명으로 삼았다고 한다. 이 격언은 어릴 적부터 나의 좌우명이기도 했다. 또, 제4의 물결의 흐름이 인본주의로 가야 한다는 생각에 모디와 나는 같은 입장을 취하고 있다.

　인도는 산업혁명의 그늘에서 피해를 입은 대표적인 국가중 하나이며, 거기에서 해결해야 할 많은 난제들을 안고 있다. 나는 우리가 이뤄낸 '한강의 기적'을 발판으로 인도와 상호보완 하며 창의적 인간 중심의 융합혁신 경제를 모색한다면 그런 난제들의 해결에 적잖은 기여를 하게 되리라 믿는다. 인도는 우리와 자유민주주의의 가치를 공유하고 있으며, 14억의 인구를 가져 성장잠재력이 무궁무진한 나라다. 모디는 인도 역사상 처음으로 등장한 천민출신의 총리다. 그는 최저 생계도 누리지 못하는 하층민의 관점에서 인도의 현안들을 진단하고 부패에 찌든 기득권 세력들과 비판의 선을 넘어 방종에 빠져 있는 언론 등의 저항을 이겨내며 개혁과 혁신에 매진해 중산층과 서민들의 전폭적인 지지를 받고 있다.

모디 총리는 물질주의만 좇았던 그간 세계화의 문제점들을 통렬히 비판하며 정신과 물질의 균형을 지향하는 세계화를 강조하고 실천해 나가고 있다. 그의 이런 발상은 한국의 건국이념인 홍익인간과도 일맥상통한다. 모디의 세계화는 각자 수준에 맞는 인도인의 존엄성과 행복을 추구하는 인본주의를 바탕으로 출발한다. 인간 모디는 부패한 정치 경제 사회구조를 극복하고 가장 낮은 곳의 서민들이 겪는 아픔을 어루만지며 그들의 고통을 해소하는 데 초점을 맞추고 있다. 진정성을 한껏 표출하며 말보다 행동으로 실천하는 모디의 역동적인 리더십을 이 책을 통해 생생하게 볼 수 있을 것이다.

이 책의 원제목은 '국민을 위하여 (For The People)'이다. 번역서의 제목을 '천민출신 인도 총리 모디의 담대한 도전, 저 낮은 곳을 향하여'로 정한 이유는 진정성을 갖고 낮은 곳을 향하는 모디의 평소 철학과 신념을 염두에 둔 때문이다.

제4의 물결의 시대를 맞아 우리 대한민국이 인도와 함께 전 세계인을 향해 새로운 희망을 쏘아 올렸으면 한다. 모디 총리의 인본주의 리더십과 14억 인구의 '세계 최대 자유 민주주의·시장경제의 국가' 인도는 한국과의 협력을 간절히 원하고 있다. 서로의 이해를 합리적으로 조율한다면 인도와 '동방의 등불' 대한민국은 미래를 향한 가장 바람직한 동반자가 될 것임을 확신한다. 인도에 관심을 갖고 대한민국의 밝은 미래를 준비하는 정치 경제 사회 문화 등 모든 분야의 종사자들이 이 책을 읽고 구체적인 실천 전략을 강구하는 시간과 기회를 갖기 바란다. 오래 전, 시성 타고르가 예언한 대로….

김성태

차례

01 책임감은 나의 최고 원동력 17
민주주의의 서막 19
85대 15의 비극 22
테러의 근본 원인 23
책임지는 자세 25
모든 결단은 국익 우선 30
"다가올 멋진 날들" 33
반발과 저항에 의연한 대처 35
쓸모 없는 토론은 이제 그만 39

02 불굴의 지도자 45
팽팽하거나 느슨하지 않은 현(絃)처럼~ 48
패러다임의 전환 50
'사브카 사스 사브카 비카스' 51
말보다 행동, 더욱 미더웠던 비결 53
위임 통치의 묘술 55
지식 기반의 정치 체제 57
'감성 경제'의 브랜드 59

03 적개심의 암류(暗流)를 헤치고 65
국제 음모의 진상 67
"방해하지 말라!" 72
'슈퍼 캅'의 출현 74

04	**신기원(新紀元)의 경제 모델**	83
	어린 시절의 길거리 경제	85
	실천하는 정치학자	88
	비전 만들기	90
	부자 중 부자	92
	가난한 이들 중 부자	92
	가난한 이 중 더욱 가난한 이	93
	부자 중 가난한 이	94
	복합 관리 시스템의 필요성	94
	국민의 니즈를 찾아서	95
	동기 부여	97
	기술력 향상	97
	저렴한 에너지 공급	99
	법치 엄수	100
	장작불, 어찌할 것인가?	101
	에너지 경제학	103
	풀뿌리 정치인	106
05	**표현의 자유**	113
	재정적자의 왜곡 사례	114
	돈맥경화의 흐름에 경종	116
	포용의 임계점	120
	언론의 도발에 강·온(强·穩) 대응	123

06	**국가 공동체 관리의 진일보(進一步)**	129
	해서는 안 될 말을 안다는 것	130
	시민 편의 위주로 사무국 개방	132
	전자정부 구축	134
	인간 친화(親和)의 정보기술(IT) 지향	136
	인도 전통음악 축제	138
	공동체 화합의 사례	140
	잘못된 열정 바로잡기	142

07	**나렌드라 모디가 왜 인도에 필요한가?**	147
	맞춤형 복지의 길	149
	필요와 탐욕	151
	기득권 경제의 발자국	155
	경제 테러의 혼란상 정리	156

08	**눈앞에 놓인 현안들**	163
	복지 라인의 검지와 엄지 사이	165
	수자원 확충	167
	전력난	173
	루피의 구매력	176
	연료가격의 난맥상	180
	위생문제 해결	182

09	**바다가 잔잔하면 누구나 키를 잡을 수 있다!**	189
	인구 피라미드	190
	성과 중심의 정치로 가다	191
	뉴노멀의 인본주의	193
	시대가 요구하는 지도자	194
	야합의 정치를 진정한 연합으로	195
	2014년, 민중의 열광	198
	비정치 집단의 선거 참여	201
10	**투표로 쟁취한 권력**	205
	네 차례 국면의 전략	206
	종합 정치 마케팅의 좋은 본보기	207
	승리의 근본 원인	209
	변화의 물결 이끈 네 요소들	212
	역경을 무릅쓰고	220
11	**새로운 세계화의 길을 찾아서**	227
	사물과 인간 사이의 줄다리기	230
	우리는 'AAA' 등급	232
	세계화의 새로운 방향	233
	옮긴이 주석	239
	모디 연보(年譜)	245
	감사의 말씀	249

01

책임감은
나의 최고 원동력

01

"책임감은 나의 최고 원동력"

　인도는 '통합'을 발전의 핵심 동력으로 삼고 있는 나라다. 우리는 숱한 분열의 시도가 있었음에도, 세계에서 가장 큰 규모의 민주주의 문명국으로서 번영의 가도를 달려왔다. 나렌드라 모디(Narendra Modi) 총리는 이런 통합의 신념을 간직하며 깊은 책임 의식으로 대하고 있다. 그는 총리로 취임하자마자, 전통을 살리며 개발에 매진하고 있는 곳으로 유명한 구자라트주의 어느 한 마을에 사다르 발라바이 파텔(Sardar Vallabhbhai Patel)[1]이 이룩한 인도 통일의 업적을 기리기 위해, 영원한 상징물인 통합의 조각상 건립에 나섰다. 인도에서 철의 재상으로 잘 알려진 파텔은 과거 560개 이상의 독립 왕국들을 통합해 인도의 통일을 일궈낸 인물이다. 다수의 지식인들은 그가 1947년 독립 후 조금이라도 더 오래 살았다면 인도가 무척 달라졌을 것이라고 믿고 있다.

　모디 총리는 자신이 존경하는 사다르 발라바이 파텔의 동상(Statute of Unity)의 제작에 각별한 신경을 기울였다. 동상이 원만하게 제작될 수 있도록 공정과 자재의 품질 표준까지 직접 마련해 제시한 바 있다.

제작 책임자였던 수석 엔지니어 파티브 비야스(Parthiv Vyas)는 당시의 상황을 솔직하게 전하면서, "동상 제작 중에 직면한 문제의 해결 방식에는 세세한 실행과정마다 모디 총리의 선견지명과 책임감이 반영됐다"고 토로하기도 했다.

장차 이 동상은 전례 없는 역사로 남게 될 것이다. 세계에서 가장 높은 동상으로 우뚝 서, 지금 인도 현대화의 상징인 사다르 사로바르댐을 내려다보고 있다. 아니나 다를까, 동상이 건립된 지 채 3년도 되지 않아 세계 최고의 관광지로 떠올랐다.

역사는 평균의 법칙에 따라 흘러가게 마련이다. 나렌드라 모디가 인도 총리로 등장하면서 인도의 역사는 과거 위대한 시대를 다시 맞고 있는 듯하다.

지난 2014년 선거 이후, 인도 정치의 방향타는 전혀 다른 길로 들어섰다. '정치구조의 재설계'라든가, "문화의 르네상스" 또는 "비판적 대중의 각성"이라고 할 발상의 전환 같은 것을 요구하는 흐름 말이다. 지나간 천년의 세월은 빛나는 태양처럼 영광스러웠던 인도가 검은 구름으로 가려졌던 시대였다. 무굴 제국과 영국의 침략, 그리고 자신의 욕구만을 채우려 했던 일부 이기적인 정치인들로 인해 인도는 속절없이 무너지고 망가져왔다. 보통 사람들은 곧잘 위험천만한 군중의 무리 정도로 다뤄지기 일쑤였다. 그러다 모디 총리가 등장하자 갑자기 국가와 사회, 그리고 국민을 굳게 믿는 새로운 정치 계층이 나타났다. 많은 사람들이 그러한 변화가 실제로 일어날 수 있으리라는 것을 쉽게 믿으려 하지 않았지만 결국 일어나고야 말았다.

민주주의의 서막

영국으로부터 독립한 인도는 민주주의의 형식 논리에만 치중한 나머지 오로지 돈과 힘이 좌우하는 천박한 정치에서 벗어나지 못했다. 투표권은 한낱 사고파는 물건이나 다름없었다. 지난 천 년의 화려했던 인도의 역사에서 민주주의 통치는 고작 72년에 불과했다. 다시 말해, 인도에서 민주주의가 펼쳐진 시간은 전체 역사의 7퍼센트가 될까 말까 한다. 그나마도 1947년에 독립한 이후, 영국의 유산인 단일 왕조의 사람들처럼 기득권을 지녔던 유력 가문 출신 정치인들의 전유물에 지나지 않았다.[2]

지금까지도 인도 국민의 대부분은 첫 번째 독립 정부가 유권자가 아닌 영국이 일방적으로 임명한 정치가들에 의해 수립됐다는 사실을 제대로 인식하지 못하고 있다. 실질적인 민주주의는 '독립 인도'에서 시작조차 하지 못했다. 실제로, 첫 민선 정부는 독립을 선언한 지 5년이 지난

1952년, 인도가 망가질 대로 망가져 있던 때 출범했다.

사실상 영국의 뒷배를 업고 출발한 첫 번째 독립 정부는 집권 5년 동안 과거 식민지 시대의 기득권 세력에게 권력을 승계, 유지할 수 있는 충분한 시간을 제공했다. 그때는 문맹과 가난에 찌들어 노예근성에 사로 잡혀있던 백성들이 사분오열된 지역의 정치집단들에 의해 이리저리 끌려 다니고 있었기 때문이다. 어찌 보면 독립이라는 역사적 사건은 이전에 영국에 분노했던 군중을 안정시키는 진정제에 가까웠고, 민주주의는 새로운 선동적 정치개념으로 그들을 환상에 빠지게 했을 뿐이었다.[3]

독립 후 72년 동안, 영국이 심어놓은 인도의 주요 권력층은 15년만에 권좌에서 밀려났지만 그 짧은 기간 세개의 분열된 정치세력들이 권력을 이어가며 집권했다. 세 정치세력들은 모순된 정치적 열망에서 생겨난 일종의 연합이나 다름없었다. 왕조나 마찬가지였던 유력 정치 가문들은 통제 권력을 되찾아 다시 부를 쌓기 시작했고, 마치 매혹적인 민주적 토론에 열려있는 통치를 하는 것처럼 눈속임으로 민주주의를 농단했다.

결국, 폐해는 고스란히 국민에게 돌아갔다. 얼마나 폐해가 심했는가 하면 2014년 선거로 출범한 모디 총리의 민족주의 정부는 5년 동안 농촌의 빈곤층을 대상으로 화장실, 조리용 가스, 전기나 물과 같은 기본 공공 재화를 공급하는 일에 몰두해야 했다. 이는 인도 문명이 부활하는 순간이었다. 항상 현재 이뤄놓은 것보다 훨씬 번창한 것으로 보였던 그

문명 말이다.

  이전 정부들이 독립한 지 무려 67년이 지나도록 14개의 기획위원회를 가동하며 수조 루피에 달하는 복지예산을 집행했음도 불구하고, 어떻게 기본적인 공공재조차 충족시켜 주지 못했는지 의아해 하는 사람들이 많다. 하지만 국민들은 이제 제대로 된 정부의 통치를 받고 있다고 느끼고 있다. 그들은 또 부패하고 무능한 정치인들이 사라지고 선거 때마다 난무했던 거짓 공약들이 폐기처분되는 모습을 지켜보며, 자신이 인도의 일원이라는 진정한 소속감을 갖기 시작했다.

  미국의 유명한 경제학자 피터 드러커(Peter Ferdinand Drucker)는 이렇게 말한 바 있다.

"리더십은 그럴듯한 연설을 하거나 인기를 얻는 것이 아니다. 진정한 리더십이란 성과에 따라 결정되는 것이지, 그 어떤 자질만으로 정의되는 게 아니다"라고.

85대 15의 비극

모디 총리가 국민 삶의 본질을 변화시키기 위해 기울여 온 노력에서 그의 행동은 말보다 훨씬 믿음이 갔다. 지난 천 년 동안, 지배자들이 사람을 다뤘던 사고방식은 침략과 정변, 태업, 음모, 그리고 속임수의 연속이었다. 세계 어느 곳이든, 가난한 이들이 화장실을 이용할 수 있게 하는 데 이렇게 오랜 시간이 걸리지는 않았을 것이다.

왕조 가문의 전임 수상 라지브 간디(Rajiv Gandhi)[4]가 1985년에 내놓은 자료를 보더라도, 1루피의 복지 예산 가운데 15파이사만 국민들에게 돌아갔다. 나머지 85파이사는 부패한 정치가와 관료들의 지갑으로 들어간 것이다. 이처럼 영국으로부터 독립한 이후, 모디가 권력을 잡기 전까지 인도는 국가 재원의 85퍼센트를 부패 세력이 착복하며 좌지우지해 왔다. 불과 나머지 15퍼센트의 혜택을 받은 국민들에게 독립은 여전히 빛 좋은 개살구였을 뿐이다. 이는 결코 과장된 말이 아니다. 사실, 모디 총리가 펼쳐내는 수많은 선구자적 혁신의 사례들은 시간이 지나면서 힌두 성직자들이나 허망하게 민주주의를 외치는 사람들에게 예상보다 훨씬 빨리 충격을 안겨주고 있었다.

이렇게 1루피 중 85파이사를 착복하며 부패했던 지배 집단이 국가정책을 혼란에 빠뜨리면서 모디 총리가 국가 발전을 위해 벌이는 건전한 투쟁에 난기류를 일으키고 있었다. '1루피 중 85파이사'를 가져가는 세력들은 똘똘 뭉쳐 막 싹을 틔우고 있는 '모디 르네상스'의 봉오리를 끈질기게 짓밟으려 들고 있었다. 이들은 천년 동안의 썩은 통치 관행에 젖은 나머지, 8년간의 진정한 개혁 정치에 맞서 세상에서 가장 오래된 인도 문명의 기득권을 줄기차게 주장하고 있었다. 그들과 엮여있는 전 세계 이해집단들은 14억 인구 중 '85파이사 카르텔'의 편을 들며 '15파이사'에 의지하는 가련한 국민들을 옥죄고 있었다. 지금 인도에서는 '85와 15의 투쟁'이 벌어지고 있다.

테러의 근본 원인

마침내 인도 헌법 370조[5]가 폐지됐다. 2019년 8월 5일, 의회는 신속한 절차를 통해 오랜 기간 인도 대륙에 확산돼 끓어올랐던 골칫거리 하나를 해결했다. 인도 헌법 370조는 인도와 파키스탄 북부의 접경지역인 자무(Jammu)와 카슈미르(Kashmir) 지역에 특별한 지위를 부여했던 조항이다. 이 조항은 인도나 파키스탄뿐만 아니라, 다른 세계의 주요지역에까지 불안의 불씨로 작용했다. 인도내 지역 정치인들은 인도의 성장을 저해하고자 하는 전 세계의 이해관계자들과 카르텔을 맺고 결탁해 테러를 일삼았다. 이는 인도 내부가 불안정한 상황에 빠지는 것을 이용해 미묘한 경제적 이익을 챙기려는 술책이었다.

인도의 지성인들은 1951년 초, 정치인들이 마음만 먹으면 국익을 해칠 가능성이 충분히 있는데도 독립 당시 일시적으로 심어놓은 독소 조항을 막아내지 못했다. 아마 그런 조항을 제거했더라면 인도 국민은 테러리즘이라는 단어조차 몰랐을 것이다. 뿐만 아니라, 세계화란 개념이 독립 초기부터 부드럽게 뿌리를 내려 세상은 훨씬 더 살기 좋은 곳으로 변했을 것이다. 자무와 카슈미르 지역 역시 더할 나위 없이 훌륭한 '지상낙원'으로 자리 잡았을 것이다.

2019년 2월 14일 풀와마 지역(Pulwama District)에서 발생한 중앙 예비 경찰대(CRPF)에 대한 공격[6]은 테러에 최후의 경종을 울렸다. 인도군은 즉각 대응에 나섰다. 군은 인도 통일을 방해하는 세력들이 구축한 파키스탄 점령지 카슈미르 지역의 발라코트(Balakot)에서 테러집단의 본거지를 찾아냈다.

파키스탄에 기반을 둔 테러 단체들은 이제는 인도 정부가 예전처럼 허약하지 않으며, 자신들이 더 이상 만만하게 대할 수 없게 됐다는 사실을 깨달았다. 모디 총리가 국내 정치의 안정을 유지하면서 국제적 분쟁이 일어나지 않게끔 외부의 위협에 의연히 대처하는 뛰어난 실행 능력을 보여줬기 때문이었다.

모디 총리는 진작 자무와 카슈미르의 지역 정치인들에게 부당한 법적 이익을 안겨준 370조를 폐지하겠다는 야심 찬 생각을 품고 있었다. 헌법 370조의 폐지를 위해서는 상·하원 의원 모두에게서 다수의 지지를 얻어야 했다. 정치지도자의 탁월한 지도력이 발현되는 것은 특정 세력의 이해가 담긴 법안을 과감히 뿌리칠 때이다. 그것이 바로 헌법 제370조였다. 이 결단은 얼마 지나지 않아 전 세계 건전한 정치 세력들 사이에서 우호적인 여론을 결집시켰다.

책임지는 자세

국민 다수의 삶에 헌신하는 결정을 하는 데는 찰나의 순간 보다 더 많은 시간이 주어지지 않는다. 시간이 자연의 힘과 충돌하며 우리를 힘들게 할 때는, 바람을 타고 항해하는 것이 바람을 거스르는 것보다 더 쉽게 느껴진다. 이런 순간, 공직자는 온갖 생각에 빠지게 되고, 결국 뒷감당을 어떻게 해야 할지 걱정하기에 이른다. 공익에 종사하는 사람들에게는 다양한 형태의 책임이 부여되고, 그에 따라 그의 명함 내용도 달라진다. 명함이 달라진다 해서 바뀌는 것은 없다. 다음 사람에게 책임을 전가하면 그만인 게임일 뿐이다. 그러나 인과의 법칙은 체계적인 변화를 끌어낸다. 하나의 답변을 찾기 위한 (국민에 대한) 충성도의 그래프는 양심을 따라 올라간다. 종은 울리게 돼 있으며, 결정은 내려진다. 우리는 하나의 일을 그만두면 또 다른 일을 시작하게 된다. 어느 누구도 고통스러워 하지 않을 거라고 가정한다면 그것은 오산이다. 인간의 감정은 민감하기 이를 데 없어서 일의 모든 단계마다 표출되기 마련이다.

모디는 그가 지원한 정치적 동지가 구자라트주 선거에서 승리해 주총리로 취임하던 날을 기억하고 있다. 취임식장으로 향하는 동안, 그의 눈에는 기쁨의 눈물이 흘러내렸다. 그는 구자라트주 곳곳의 모래길과 거리, 도로를 누비며 고난의 선거운동을 하느라 여러 해를 보냈다. 꿋꿋한 신념만이 그를 지탱해 주는 기둥이었다. 그 신념을 실현하고자 하는 열망은 그에게 유일한 자원이었다. 신념에 따라 무언가를 이뤄내겠다는 정신력이 그를 이끈 셈이다. 그는 자신에 내재하는 겸손한 일꾼으로의 자세 덕분에 열정을 끝까지 불태울 수 있었다.

모디의 정당은 이념을 실현하기 위해 권력을 잡아야 할 필요성을 절감하며 꽤 오랜 시간을 보냈다. 그들은 재원을 끌어 모으느라 무진 애를 써야 했다. 당의 이념과 목표를 세우느라 고민에 고민을 거듭하기도 했다. 그들은 마침내 정치의 대상이 아니라 주체로 변신했다. 목표를 이루고 만 것이다. 모디의 신생 정당은 1995년 구자라트주에서 권력을 잡았다. 지도력에는 문제가 될 게 없었다. 앞선 의회 선거에서 각자 역할분

담을 해놓았기 때문이다. 당원들은 오케스트라가 심포니를 연주하듯이 조화 속에 최선을 다했고, 국민들은 거기에 화답했다.

모디에게 주어진 역할은 선거 운동을 원활하게 이끌어 집권의 목표를 달성하는 일이었다. 사무총장으로서 그의 사명이 선거의 승리임은 두말할 필요가 없었다. 그런 다음, 권력을 균등하게 배분해야 할 시점이 왔다. 당의 정치적 이상과 야망이 선출된 의원들과 당료 조직의 양 날개를 포괄하는 복합적인 구조 안에 함께 작동되도록 해야 했다.

더 큰 책무는 힘들게 일궈낸 성공을 지속적으로 유지시켜 나가는 일이었다. 집권 초기 상황이라서 지도부 구성은 당연히 난항을 겪을 수밖에 없었다. 그런데 돌연 주 총리를 축출하려는 세력이 쿠데타를 일으키는 바람에 몇 년에 걸쳐 노력한 작업이 물거품이 되고 말았다. 의원들은 인도 고대 사원인 카주라호(Khajuraho)에 놀러가려는 유혹에 빠져 있기도 했다. 샴페인을 너무 일찍 터뜨린 것인가? 그들은 곧바로 형편없는 몰골을 드러냈다. 아니나 다를까, 유권자들은 그들에게서 흔해빠진 멜로드라마를 보게 됐다. 유권자들의 신뢰는 충격으로 바뀌었다. 합법적으로 선출된 주 정부는 소수 정파로 전락하고 말았다. 주 헌법의 결함으로 인해 선출된 의원들이 쫓겨나도 그들을 선택했던 구자라트 사람들은 그저 바라만 볼 수밖에 없는 구경꾼 신세였다.

당은 정치적 뒷거래와 자리 팔아먹기 끝에 정체성을 찾지 못한 채 공전을 거듭했다. 길을 잃어버린 당원들은 당사를 찾아 불만을 토로하며 민주주의가 조롱거리로 전락하는 것을 막기 위해 동분서주했다. 이때, 모디는 구자라트주를 떠나 델리에서 구성되는 조직에 참여하는게 어떻겠느냐는 제안을 받는다. 모디는 그런 식으로 책임을 회피하는 것은 현명하지 않다고 판단했다. 그도 그럴 것이, 인도 서부 구자라트주에서 당을 이끌며 민족주의 정당이 처음으로 집권할 수 있게 한 그로서는 참으로 어려운 결정이 아닐 수 없었다. 그러나 그는 제안을 받아들였고, 대세를 따라 항해에 나섰다.[7] 그가 18년에 걸친 정치 투쟁 끝에 인도 총리로 취임함에 따라, 자신이 그동안 감내했던 희생들이 결국 탄탄한 리더십을 얻는 데 올바른 결정이었음을 입증한 셈이었다.

저명한 학자인 K. K. 샤스트리(Shastri) 박사는 그가 총애하는 박사과정 학생 B. M. 샤(Shah)와의 대화에서 "나렌드라 모디는 국가를 통치할 만한 엄청난 능력의 소유자이며, 기회만 주어진다면 더 큰 일을 해낼 수 있는 훌륭한 인물이다"라고 평한 바 있다. 흥미로운 사실은 샤스트리 박사가 이런 언급을 한 시점이 모디가 종사한 인도국민당(BJP)과 국민의용단(RSS)에 소속돼 있을 때였다는 점이다. 샤는 "두 사람이 여행하고 다닐 무렵 샤스트리 박사는 그에게 깊은 인상을 받았으며, 모디가 보통 인물이 아니라는 사실을 알게 됐을 것이다. 당시 두 사람은 같이 한 방에 머물며 주에서 운영하는 대중 버스를 타고 이동했는데, 샤스트리 박사는 그를 철저히 관찰했을 것"이라고 설명했다.

마드라스 고등법원에서 은퇴한 대법원장 대행 스리 베파 라메산(Sri Vepa Ramesan)의 말을 떠올리는 것도 같은 맥락에서 매우 흥미로울 것 같다. 그는 다음과 같이 말한 바 있다.

"정치는 삶의 최상층 구조에 속하며, 그 토대는 영적인 관점, 즉 국민의 삶을 바라보는 태도 그 자체입니다. 우리는 높은 첨탑을 세우느라 바쁘지만, 우리는 그 기반이 얼마나 견고한가에 관해 묻는 것에 별다른 노력을 기울이지 않았습니다. 이러한 무관심은 분명히 문제가 있지요. 내적 가치에 기반한 신선한 프로그램으로 새로운 영적 태도를 창조해 내지 않는다면 우리는 그저 어리석은 사람들처럼 힘들게 일만 할 뿐입니다. 만약 당신이 그러지 않기를 원한다면 어째서 오랫동안 지속 가능한 그 무언가를 만들려 하지 않는단 말입니까? 기초를 튼튼히 쌓고 나면 건물 위층에서 자신 있게 작업을 진행할 수 있게 되지요. 그 어떤 조직 사회도 정신적 기반, 즉 도덕적 기반 없이, 그리고 동료들의 가치를 인정하지 않고서는 오래 버틸 수 없습니다. 그러한 튼실한 기반이 없다면 당신의 건물은 언젠가 속절없이 무너지고 말 것입니다. 나아가 일시적인 성공에 현혹돼서도 안 됩니다. '하, 그렇다면 당신은 비현실적인 이상주의자시군요!'라고 물으실지도 모릅니다. 하지만 우리 인도인들은 고대의 정신적, 철학적 유산을 많이 잃지 않았습니까? 우리는 이제 그 안에 들어있는 값진 금맥을 되찾아야만 합니다. 그것을 묻혀 있는 흙더미에서 깨끗하게 씻어낸 채로 말이지요."

이는 국익을 우선하지 않은 채, 오로지 음모와 부정부패, 그리고 기만이 판을 치는 현대 정치조직의 단면을 질타하는 분명한 메시지임에 틀림없다.

모든 결단은 국익 우선

모디 총리는 국익을 최우선으로 삼는 것이야말로 공직자들이 지녀야 할 도덕적 책무라고 굳게 믿고 있다. '국민을 위하여'가 이 책의 제목인 것은 그래서 명백하다. 인도의 보통사람들이 모디의 비전과 사명, 그리고 행동 철학을 받들며 살아가는 한 이 책의 존재는 계속 정당성을 갖게 될 것이다. 모디는 총리로 재직하면서 처음 5년 동안 국가의 이익을 최우선으로 내세웠다. 누군가가 국가를 통합의 중심체로 바라보며 국가의 집단적 이익을 최우선 순위에 둘 때, 그는 분명 특정한 이해의 포퓰리즘과는 거리가 먼 인물로 여겨질 것이다. 이는 정확히 모디의 경우와 부합하는 말이다. 하지만, 그 누구도 그의 우선순위를 부인하지 못한다. 그의 국익 우선순위는 때가 되면 그러한 포퓰리즘의 기대도 충족시키게 될 것이기 때문이다.

인도에는 14억이 넘는 사람들이 살고 있다. 우리는 그들의 고통을 줄여주고 모든 인간이 평화롭게 살 수 있도록 해야 한다. 개별적으로 보면 선택된 소수의 일부가 중요한 자리를 차지하고 있지만, 전체적으로 볼 때 인도는 지금 잠재력을 충분히 발휘하지 못하고 있다. 우리는 분연히 일어나 깨어나야 하며, 목표를 달성할 때까지 멈추지 말아야 한다. 우리는 더 이상 테러와 정치적 사기가 우리를 괴롭히는 상황을 속수무책으로 기다려서는 안 된다.

책임감 있는 사람이라면 충성심을 발휘해가며 국가의 이익에 기여한다. 우리는 인류 문명의 점증하는 요구에 더 많은 사람들이 책임 의식을 갖기를 원한다. 모디는 홀로 이런 생각에 자주 잠기곤 한다.

"우리 인도인들은 내부의 복잡한 사정조차 해결할 책임 의식을 키우지 못한 탓에 지구촌과 같은 아득한 이상이 그저 환영으로 남아 있다. 종교를 놓고 많은 논쟁을 벌이지만 그것은 무미건조한 지성주의 차원에 머물고 있을 뿐이다. 인더스 문명권에 사는 사람들은 인도인의 전통적인 이름인 힌두교도라고 불린다. 힌두교도들은 여러 다른 예배 방식을 고집하며 서로 반목하고 있다. 그렇다면, 이런 현실을 이해하고 서로 싸움을 멈출 책임이 우리 모두에게 있지 않은가? 미국인은 기득권 세력들의 악의적인 체제를 무너뜨리기 위해 빠르게 들고 일어나 독립과 함께 민주주의를 쟁취할 수 있었는데[8], 왜 우리는 풍부한 영적 유산을 지니고 있음에도 이토록 평화를 깨는 음모를 그대로 내버려 둔단 말인가? 민주적인 체제에서는 모든 사람이 자신의 마음을 다스리는 주인이다. 어떤 국가의 주장도 국민들이 갈라져 갈등을 지속한다면 평화와 화합을 이뤄낼 수 없다. 지금 이 순간도 평화를 깨려는 사람들이 망동을 벌이고 있다. 그들은 평화 파괴의 악령에게 고용된 사람들이다. 이러한 분탕 분자들과 그들의 후원자를 찾아내 그들의 계획을 영원히 제거하는 것이 국민으로서 도리가 아닐까? 생각해 보면 이 나라가 옛 영광을 되찾기 위해서는 거실, 클럽, 커피숍, TV 채널 및 일상적인 만남에서 이뤄지는 무의미한 지적 토론만으로는 불가능하다. 어떤 면에서, 범죄는 종교와 무관하다. 하지만 조직적인 범죄를 군중심리의 불쏘시개로 이용하는 것은 사회적으로 무책임한 행동이다. 그들을 따른다면 우리는 악인들의 음모에 굴복하는 셈이 된다. 자, 우리 국민 모두가 국가를 도와 그들의 음모를 찾아내 분쇄하고자 하는 책임 의식을 갖자."

"다가올 멋진 날들"

2001년, 모디는 구자라트주 총리로 취임한다. 그는 정부의 각 부처를 정비하며 사회에 만연한 무질서에 효과적으로 대응할 수 있게 세부적인 대책 마련에 들어갔다. 그는 행정부, 경찰, 그리고 사법부가 긴장을 늦추지 않고 책임감 있게 행동해 주기를 원했다. 그들이 꾸려가고 있는 정부의 모든 시스템에 충성을 요구하는 것 자체가 힘든 일이었다. 정부의 대의명분을 수행하려면 모든 부처가 발맞춰 함께 움직여야 하기 때문이다. 부처마다 모디의 요청에 부응했던 공직자들은 동료들 사이에서 사명감을 불러일으키는 일종의 촉매제 역할을 했다. 그들은 하나의 집단으로서 건강한 사회 질서를 추구하기 위해 횃불을 든 사람들이었다.

구자라트주는 점점 방향과 활기를 잃어가고 있었다. 한때 기업들의 안전한 종착지로 인식되곤 했던 이 지역은 기업환경이 열악한 곳으로 전락했다. 다분히 음해 세력들이 노렸던 것이다. 따라서 방향의 재설정이 반드시 필요한 작업이었다. 비전과 사명, 그리고 행동 철학을 함께 모아나가는 일 또한 시급한 과제로 떠올랐다.

무엇보다도, 연방정부의 구조는 국가와 조화를 이루기 위한 것이다. 산업화가 진척되면 우리의 삶을 키워 영위하는데 물질적인 도움을 준다. 응용과학은 인간을 힘든 노동으로부터 해방시켜 줬다고들 한다. 실로, 그 성과는 어마어마했다. 하지만 우리는 지금 알게 모르게 모든 사람들의 손이 점차 한가해져 손을 놓고 있는 모습을 목격하게 됐다. 그것은 산업화가 정신이 아니라 육체의 외형만 건드린 것에 불과했기 때문이다. 결과적으로, 우리가 치러야 할 대가는 정말로 심각했다. 영혼은 여전히 쇠사슬에 묶여있고, 사람들의 심장은 전보다 더 무거워졌으며, 마음은 더 불안하고 걱정거리도 한층 더 많아졌다.

우리는 행복이 주로 정신으로부터 오는 것이고, 과학과 비즈니스는 나중에 따라오는 부속물이란 사실을 모두 망각하고 있다. 우리 앞에 놓인 당면한 책임은 우리의 비전을 국가 지도자들의 비전과 일치시키는 것이었다. 다양한 비전을 지닌 이들로부터 영감을 받아, 확실하고도 섬세한 성장 경로를 설계해 국가의 정신적, 물질적 요구를 충족시켜야만 했다. 경제인들의 사업 감각은 정체 상태에 놓여 있었다, 그들은 부지런히 자신을 갈고 닦아야 할 필요가 있었다. 모디는 구자라트 사람들에게 그런 노력을 부추기며 그들을 이끌어야 했다. '앞으로 다가올 멋진 나날들(Good days to come)'은 그가 2014년 인도의 국회의원 선거운동에서 호소했던 캐치프레이즈였다. 그것은 그저 마법 같은 상투적인 정치 선동이 아니라 대대적인 실천적 변화를 요구하는 메시지였다.

반발과 저항에 의연한 대처

아크샤르담 사원

우리는 2002년 주요 현안들을 논의하던 중, 두 명의 테러리스트가 아크샤르담(Akshar Dham)이라 불리는 사원에 침입했다는 소식을 듣게 됐다. 사원은 간디나가르(Gandhinagar)에 위치한 모디의 관저와 정부사무실에 인접해 있었다. 테러리스트들은 터널 모형의 전시장에서 어린이, 여성, 남성을 가리지 않고 무참히 살해했다. 이 무고한 사람들은 중세시대 한 성인의 영적 여정을 삽화를 통해 보여주는 멀티미디어 전시회를 관람하던 중이었다.

사건은 때마침 자무와 카슈미르주가 비교적 평화로운 선거를 치르고 있던 시점에서 벌어졌다. 포르투칼의 인터폴은 아부 살렘(Abu Salem)이라는 갱단의 두목을 체포했다. 사람들은 다시 정상적인 삶을 시작했다. 테러리스트들의 목표는 불안을 지속시키고 공포를 새로운 지역으로 확산시키는 동시에, 자신들의 행위에 사람들의 눈길을 돌리게 하는 데 있었다. 그로부터 정확히 약 10년 후, 미국에 있는 시크(Sikh)교 사원에서도 똑같은 방식의 대량 학살이 발생했다. 단독 범행의 사건이든, 아니면 조직이 가담한 공모된 사건이든, 그리고 정치적 의도나 경제적 이해 때문이든, 정신이상자의 난동이든, 아니면 이 모든 것들이 어우러진 사건이든, 테러는 세계 지도자들이라면 누구나 심각하게 경계해야 할 중차대한 문제이다. 모디는 인도 총리로 선출된 후 외국 순방에 나서 세계 지도자들을 만날 때마다 테러에 관한 자신의 생각을 전하며 경각심을 일깨우고 관심을 갖게끔 유도하곤 했다. 일부 언론은 이러한 그의 행보를 자신의 카리스마를 과시하려는 순방으로 묘사하며 비판적인 논평을 펼친 바 있다. 안타깝게도, 그들은 심려가 깊이 깔려 있는 모디의 혜안을 간과하고 있었다.

2002년 2월 발생한 아크샤르담 사원 테러는 구자라트 주민들의 테러에 대한 생각을 바꾸는데 하나의 계기가 됐다. 이후, 사람들은 어떤 테러에도 의연하게 대처하고 있다. 그들은 모든 생명체가 반드시 입자 물리학, 즉 '작용 반작용'의 원리를 따르는 것은 아니라고 믿기 시작했다. 그것은 곧 아크샤르담 테러의 배후에는 폭도들의 반발을 불러일으켜 폭동을 되살리기 위한 음모가 알려진 사실 덕분이었다.

모디는 사람들에게 평정을 잃지 말고 대처할 것을 호소했다. 그의 이런 정치적 지혜는 인도의 유명 영적 지도자인 슈리 프라무크 스와미(Shri Pramukh Swami)[9]의 소명과 맞아떨어졌다. 사람들은 예전과 다르게 행동하기 시작했다. 테러에 반응은 보이되 크게 동요하지 않았으며, 그런 변화는 다분히 숨겨진 의도 속에 감춰져 있었다. 그들은 밖으로 나가지 않고 저녁부터 아침까지 감행된 총격전의 전모를 머리로 그려보고 있었다. 테러 공모자들이 의도했던 것과는 정반대로, 그들은 즉각적인 반응을 드러내지 않고 집에 머물러 있었던 것이다. 구자라트주 경찰은 상황을 면밀하게 분석한 후, 용감하게 터널 모양의 전시장에 진입해 중상자들을 구조했고 뒤이어 무고한 많은 순례자를 탈출시켰다. 철저한 수색작전이 감행됐다.

테러로 인해 실로 엄청난 피해가 발생했다. 구자라트는 온통 슬픔에 잠겼고, 여기저기서 피해자들의 고통을 함께 아파하며 묵념하는 모습이 관찰됐다. 사람들은 항의 전화도 하지 않았다. 테러의 목적이 사회 혼란을 일으키는 것이었기 때문이다. 그런 경우, 권력을 가진 사람이나 정부에 종사하고 있는 공직자들은 무고한 주민들을 자극할지 모를 이런저런 요구들을 자제할 필요가 있다. 자신들이 국제 정치와 거기에서 유래하는 복잡한 분란에 관한 지식을 사람들에게 충분히 제공하지 못하는 마당이라면, 최소한 사람들이 목숨을 부지하고 살아갈 수 있도록 여건은 확보해주는 게 도리다.

더 이상의 피해를 방지하는 일이야말로 국가와 연방 및 주 정부, 그리고 모든 정당과 지방세력들이 떠안아야 할 책임이다. 정치단체라면 숱한 이해들이 엇갈려 있는 사회의 복합적인 구조를 이해하고 상호 공존의 길을 열어줄 필요가 있다. 테러와의 전쟁은 시대의 필요에 부응하는 방식에 따라 대응해야 한다. 국제 정세도 마찬가지이다. 이제 정치인들은 사사로운 정치적 욕망을 버리고 다 함께 분연히 일어서야만 한다.

경찰과 국가안보경비대가 작전을 시작했다. 두 명의 테러리스트가 새벽에 체포됐다. 군인들이 잠입해 그들을 사살했다. 소지품들을 압수하여 확인해 보니, 그들은 파키스탄 테러리스트들로 밝혀졌다. 그들의 배후 세력은 '테리크 콰삭(Tehereique Qasak)'이라고 불리는 조직이었다. 그 이름은 '보복적 선동'이란 뜻을 지니고 있다.

아무리 문명이 발달했다 하더라도, 무고한 순례자들을 살해하는 이러한 비겁한 행위는 반드시 대가를 치르게 될 것이다. 이제 테러리스트들은 그들 네트워크 모든 곳의 접선지점에서 철저히 차단될 것이다. 하지만, 그런 노력을 서로 거의 방관하다시피 하고 있는 국제 정치사회에 일

일이 전달할 수는 없는 노릇이다. 각국의 지도자들이 경각심을 갖고 자국의 정보시스템을 한층 강화해, 혹여 있을지 모를 더 악랄한 음모들을 파헤쳐 나가야 할 것이다.

오바마 미국 대통령이 빈 라덴에게 가했던 행동이 바로 그러했다. 인도에서 빈번한 테러 공격을 일삼는 공모 세력들이 파키스탄에서는 보호를 받고 있다. 모디는 1990년대 초 미국을 방문했을 때, 당시 콘돌리자 라이스 미 국무장관과 이 문제를 깊이 논의했다. 모디가 2014년 9월 인도 총리로서 미국을 방문하는 동안, 그는 세계질서를 혼란에 빠뜨리는 세력들과 싸우기 위해 그동안 기울여 왔던 노력에 새로운 방향을 제시하고 나섰다.

쓸모 없는 토론은 이제 그만

주기적으로 반복되는 테러 공격에는 일관된 방화벽이 있어야 한다. 우리는 테러가 계속 형태를 바꾸며 진화하고 있다는 것을 상기할 필요가 있다. 테러범들의 음험한 설계는 국가의 약점을 지렛대 삼아 위협하며 자신들에게 유리한 국면을 만들어내는 식이다. 우리는 그들이 사회적, 경제적, 정치적 피해자들을 양산해 우리를 덫으로 끌어들이려 한다는 사실을 유념해야 한다.

자, 우리는 책임 의식을 갖고 공존하기 위해 무엇이 반드시 필요한지를 이해해야만 한다. 그리고 정신적, 국가적, 종교적 대리 전쟁을 종식시킬 수 있는 탄탄한 방화벽을 구축해야 할 것이다. 종교를 둘러싼 쓸데없는 논쟁은 이제 멈춰야 한다. 그 어떤 종교도 우리가 목격한 끔찍한 사건들을 부추기려 하지는 않기 때문이다. 우리는 병원 침상에 누워있는 부상자들의 고통을 직시할 필요가 있다.

우리가 수혈할 때 일치시켜야 하는 것은 혈액형이지 종교가 아니다. 인간의 삶이 특정 종교에 매여 있다고 생각하는 사람들은 어떤 종교든 함께 공존할 수 있다는 또 다른 생각을 받아들여야 할 것이다. 종교를 더 이상 정치 도구로 남용해서는 안 된다.

모디가 보여 준 각고의 정치적 노력들 가운데 어느 한 테러 사건에서 구사한 새로운 접근 방법이 있는데, 잘 알려지지 않고 있다. 2002년, 경찰이 구자라트주의 국경지대인 고드라(Godhra) 지방에서 여객 열차를 불태우고 군중심리를 선동하며 벌어진 테러조직의 범죄[10]를 추적하는 과정에서였다. 당시는 구획으로 나뉘어 분절돼 있던 지역사회 간의 조화를 도모하기 위해 '선한 믿음(good faith)의 하루 금식'이 선포됐던 때였다. 테러는 모디가 2002년 2월, 의회 의원으로 선출돼 구자라트주 총리로 임기가 확정된 직후 발생했다. 기차에 불을 지른 범인들은 모디가 총리직을 제대로 수행하기 전에 그를 자리에서 쫓아내고자 했다. 이는 오로지 국익을 좇아 솔선수범하는 한 정치인을 끌어내리려는 이른바, 용렬한 정치 기획이었다. 특히 파키스탄과 접경한 주를 불안 국면에 빠트려 기득권을 유지하려는 자들이 벌인 소아병적인 테러에 불과했다.

열차 화재 테러의 배후에 있는 공모자들을 문책하기까지는 너무나 오랜 시간이 걸렸다. 우리는 군중심리를 조장해 폭동을 일으키면 거기에만 얽매여 사건의 본질을 외면하고 응급 대처하는 데만 급급했다. 그래서 주범들이 법의 심판을 받기까지는 꼬박 14년이나 걸렸다. 2016년, 주정부와 중앙정부 간의 동시다발적인 노력 덕분에 주범 중 한 명이 체포됐다. 이제는 범죄와 종교를 구별할 때가 왔다. 그동안 엄청난 혼란으로 인도 사회가 입은 피해는 실로 막심했다.

02

불굴의 지도자

02

불굴의 지도자

　나는 책임감을 지닌 시민의 일원으로서, 1985년부터 모디의 정치 리더십 형성과정을 면밀히 관찰해 왔다. 하지만 '국민을 위하여'라는 책을 저술하게 된 것은 2002년 이후부터였다. 책의 탐구 방향은 특히 이러했다. 리더십 사례 연구를 통해서 지도자가 오로지 표만 갈구하는지, 아니면 국민을 위해 땀을 흘리고 있는지를 확인하는 것이었다.

　기본에 충실해 일하는 사람은 그의 가슴과 머리 깊은 곳에서 외로운 싸움을 한다. 가슴과 머리는 언제나 충돌하기 마련이다. 당을 위해 일하는 사람은 이념을 추구하면서 당이 추구하는 최고의 가치에 헌신할 수 있어야 한다. 헌신이 완전하지 않을 경우, 자신이 가야 할 길에서 일탈해 곧바로 딜레마에 빠지기 쉽다. 하지만 당을 위해 헌신적으로 일하는 사람은 내면의 힘을 키워 감정과 논리 사이에서 시간을 초월하는 성찰을 통해 진실을 구별해 낸다. 그는 양심에 따라 움직이는 사람이다. 양심이 이끄는 대로 산다는 것은 그가 직면하는 가장 큰 도전이 아닐 수 없다. 양심이 조직의 비전에 공감할 때 그 사람의 헌신은 완벽해진다. 그런 사람은 이념을 전달하는 메신저가 된다. 개인 각자는 이념을 이끌고 가야 한다. 그렇지 않으면 순수한 형태의 이념은 단지 한 학파의 사상에 지나지 않는다. 만일, 이 학파에서 자신의 사상을 실천으로 옮길 수 있는 학자가 없다면 그 학파는 곧바로 사라지고 만다.

국민의용단(Rashtriya Swayamsevak Sangh, RSS)[11]이라는 국가 자원봉사 단체의 단원으로서, 모디는 자신의 이념을 영적 가치로 이해하면서 부단히 내면화하려고 노력해 왔다.

모디가 구자라트주의 여러 지역을 여행할 무렵, 그를 보려고 길옆에 모여든 사람들을 바라보며 연민의 시선을 보내고 있을 때였다. 갑자기 가슴 속 양심이 그의 여정을 멈추게 했다. 그는 이내 감사한 마음에 말을 잇지 못했고, 감정이 복받쳐 올라 이성이 무너지고 말았다. 몰려든 사람들의 규모는 중요하지 않았다. 그는 바나스칸타(Banaskantha)의 국경 지역에서 만난 그들에게서 공포와 빈곤에 찌든 인간의 군상 같은 것을 봤다. 상징의 차원을 넘어 감수성을 증폭시키기에 충분하게 가슴을 자극하는 영적 인간 집단의 바다를 목격한 것이었다. 그는 한 주민 앞에 서서 눈을 마주치며 침묵의 대화를 나눴다. 모디는 2002년 주민들과의 만남에서 교감한 '가우라브 야트라'(Gaurav Yatra: 힌두의 긍지)에서 일종의 믿음을 얻었다. 그는 미국 의회 합동 회의의 연설에서 그 믿음을 피력한 바 있는 데, '가우라브 야트라'는 최근 그가 가는 곳 마다 반향을 일으키고 있다.

그는 표에 연연하지 않았다. 국민은 산술의 대상이 아니기 때문이다. 그는 단지 그들의 눈에 숨겨진 사연들을 읽고 싶었다. 그는 그들이 표하는 감사의 이면에 녹아있는 논리를 파악하고 싶었고, 한편으로는 그들의 경제적 어려움도 살펴 보고 싶었다. 다시 말해, 나름대로 이념을 품고 있는 그 집단 사람들과 조화를 이룰 기반을 다져보고 싶었던 것이다.

모디는 2002년 구자라트주 의회 선거가 끝난 후 열린 비공개회의에서 이렇게 말했다.

"제 안에 들어있는 일꾼이 그들 안에 들어있는 일꾼을 찾아 나섰던 것입니다. 그저 저는 양심에 따라 살려고 노력할 뿐입니다."

지도자는 공적 생활에서 접하는 모든 계층과 모든 영역을 철저히 자신의 양심에 따라 대해야 한다. 기수는 말에게서 터득한 감각에 따라 방향과 경로, 그리고 여정을 결정한다. 때로는 시간이 행동을 결정한다. 그 과정에서 내려진 결정들은 영향력이 주변으로 확장되면서 의미를 더하게 된다.

팽팽하거나 느슨하지 않은 현(絃)처럼~

다음은 작지만, 감상적이고 또 의미심장한 모디의 조직 운용 사례라서 소개할까 한다.

모디는 구자라트주 수도인 아메다바드(Ahmedabad)에서 일하는 동안 RSS가 주관하는 지식인 세미나의 조직 구성 책임을 맡았던 적이 있다. 당시 그에게 주어진 업무는 사실 감당하기 힘든 일이었다. 주위에서 예상외로 큰 기대를 했던 탓이다. 사람들은 세미나 내용 말고도 과정 하나하나를 예리하게 관찰하고 있었다. 주관자인 모디의 능력도 당연히 시험대에 올랐다. 당당한 신뢰를 받으려면 험준한 산을 오르는 말의 끈기가 필요한 법이다.

세미나는 제법 마무리가 잘 된 국제정상회담처럼 훌륭하게 진행됐다. 그는 자신을 향한 세간의 기대를 충족시킨 셈이었다. 프로그램이 끝난 후, 그는 RSS의 고위간부를 태우고 운전할 기회가 있었다. 그 간부는 나렌드라 모디의 어깨에 머리를 기댔다. 모디는 그가 피곤해서 그랬겠다고 했다. 목적지에 도착했다. 모디는 그를 깨울 까도 생각했지만 그럴 수 없었다. 그는 당시의 기억을 떠올리면서 자신의 어깨에 축복이 내려진 신성한 침묵의 시간이었다며 이렇게 말했다.

"그렇게 작은 성공으로도 기뻐할 줄 아는 감수성을 지니고 있다면 저는 언제든 그들을 기쁨으로 충만하게 해줄 수 있지요."[12]

모디는 비공식 인터뷰에서도 다음과 같이 언급한 바 있다.

"우리가 공적인 명분 아래 접하는 정치인들이 내는 소음이나 불협화음, 그리고 불만투성이인 그들의 욕구를 들을 때, 저의 머리는 데스무크지(Deshmukh ji)[13] 선생과 같은 분들을 떠올리며 명상의 휴식을 취합니다."

모디는 하나의 정치 일꾼으로 키워지는 초창기에 RSS 활동가 바킬 사헵(Vakil Saheb)의 도덕관에서 피난처를 찾곤 했다. 사헵의 도덕적 가치관은 언제나 그에게 아드레날린을 채워줬다. 타인에게 베푸는 봉사는 종교나 다름없었다. 기만과 술수가 판치는 정치의 정글은 설 곳이 없었다. 연주하는 악기의 현이 전혀 팽팽하지도 느슨하지도 않기에 정확한 음을 낼 수 있듯이, 그가 가는 길은 항상 올바른 방향이었다.

패러다임의 전환

모디가 '한 나라의 통치'를 머리에 떠올렸을 때, 자신이 그 위치에 있는 모습은 꿈속에서조차 상상해 본 적이 없었다. 통치라는 것은 그가 구자라트 대학에서 정치학을 전공할 때 수강했던 한 과목일 뿐이었다. 하지만 지금은 세계에서 가장 큰 민주주의국가의 총리로서, 그는 국가 전체와 운명을 올바른 방향으로 이끌어야 하는 위치에 있다. 실전에 임하는 정치학자로서 말이다!

구자라트 대학에서 모디에게 정치학을 가르쳤던 프라빈 쉐스(Pravin Sheth) 교수는 그의 학창 시절을 기억하면서 곧잘 향수에 잠기곤 한다. 쉐스 교수에 따르면, 모디는 정치학 석사과정을 밟으면서 자신의 연구에 누구보다도 진지한 관심을 가졌다고 한다. 그는 호기심이 강했던 나머지, 보통 학생들의 학구열을 넘어서 훨씬 더 많이 읽고 열렬히 토론했다. 그는 인도 총리로 재직하는 지금도 학문에 대해 그 어떤 정치학자 못지않은 열정을 보여주고 있다. 자연스레 정치적 이슈에 대한 깊은 이해와 폭넓은 경험 덕분에 국제 정치에서 그의 존재감은 날로 커지고 있다.

역사적 맥락에서 볼 때, 권력의 통치에는 다양한 성격의 스타일이 담겨 있다. 석기 시대부터 현대의 민주주의에 이르기까지 정말로 다양한 통치자들이 등장했다. 인간은 생물학적 진화를 거듭하면서 언어 이론을 발전시켰고, 설교를 하기 시작했다. 설교의 언어는 종교가 됐으며, 언어의 유희는 계속 이어졌다. 인간의 지능은 언어와 숫자의 힘을 입어 높아져 갔다. 상업이 사회와 한 몸처럼 뒤섞였고, 삶이 하나의 기술이 되면서 바야흐로 기술 만능의 시대가 왔다. 자연이라는 루빅 큐브(Rubik cube)에서 지구는 터를 잡았고, 인간은 자연과 더불어 살아가고 있다. 하지만 반칙이 불균형을 초래하고 갈등이 증폭됐다. 결국 의사소통에 구조의 손길을 내밀기에 이르렀다. 하지만 인간 진화의 전환점에서 소통이란 쉽지 않았다. 앞다투어 지구촌을 차지하려는 경쟁에서 부드러운 소통의 내면이 까마득하게 잊혀졌기 때문이다. 생존이 오로지 힘에 의해 좌우되면서 석기 시대로 되돌아가는 듯했다. 권력에 굶주려 있다 보니, 인간의 지능은 정치 이론과 실제에 대응하는 데 착취를 당하고 있다.

'사브카 사스 사브카 비카스'

무정부주의와 군주제, 귀족 정치와 민주주의, 그리고 공산주의와 자본주의는 공존하며 서로 물고 뜯었다. 통치자들은 적절한 가면을 쓰느라 애를 썼다. 그들은 제대로 알지도 못하면서 정치와 경제이론들을 뒤섞어가며 권력을 추구했다. 부자들은 더 부유해졌고 가난한 사람들은 더욱 가난해졌다. 경제(Economy)라는 단어가 과연 생태학(Ecology)과 천문학(Astronomy)에서 나온 파생어인지 의문이 든다. 생태학을 왜곡하고 천문학을 남용한 결과라는 게 분명하기 때문이다. 만민 평등의 원리가 깨져 지구상에 경제적 불평등이 생겨났고, 그래서 많은 사람들이 굶주림으로 죽어가고 있는 반면, 소수 일부의 사람들은(최첨단 과학인) 원자 물리학이 펼치는 편안한 보금자리에서 잠을 자고 있다.

모디는 국제 정치의 저변을 매우 잘 이해하고 있다. 경제적 불평등은 지금 인류 문명을 뒤흔들고 있다. 정치적 이익이 국민에게서 정치인에 돌아가는 이 게임에서 과연 누가 이기고 누가 졌다는 말인가? 사람들은 그런 정치인들을 가리켜 전사 또는 평화의 챔피언이라 불렀다.

그러나 양심을 가지고 살았던 통치자들은 거의 없었다. 통치의 패러다임이 바뀌고 있었는데도 말이다. 권력이 복잡하게 얽혀있는 기하학에서 통치는 하나의 선이었고, 지위는 하나의 점에 불과했을 뿐이다. 하나의 점이 하나의 선을 어떻게 이끌어 사람들의 욕구를 충족시키는 기하학을 엮어낼 수 있을지가 양심에 던져진 질문이었다. 대답은 무궁무진했고, 그 길을 찾는 데는 전적인 헌신이 필요했다. 모디는 다시 책임감으로 다져진 겸손한 일꾼의 자세로 양심에 던져진 질문의 답을 알아낸다. 그는 자신의 여행을 사막 상인의 누추한 캐러밴으로 바꿔나갔다. 그는 비행기 안에서 잠을 자고 시간을 최대한 절약하며 가능한 한 많은 일정을 소화했다. 헌신 자체였다.

모디의 초창기 리더십 스타일에서는 몇몇 선명하고 눈에 띄는 특징들이 있었다. 사람들은 그가 그런 리더십을 발휘하는 과정을 그저 만화경을 보듯이 인식했을 것이다. 하지만 그는 인도의 민주주의 역사에서 가장 탁월한 정치적 목적지를 설정해 출발을 만방에 알렸다. 이른바 '사브카 사스, 사브카 비카스'(Sabka saath, sabka vikas)[14], 즉 '포용적 발전'을 공론화한 것이다.

말보다 행동, 더욱 미더웠던 비결

근본주의는 항상 문명과 겉돌아 왔다. 이는 교묘한 언어의 유희로 근본주의자들의 속셈을 언론의 용어로 남용하며 전했던 자들이 판을 쳤던 것과 맥이 닿아 있다. 근본주의는 양심을 부처의 말처럼 전하는 금언의 하나다. 인기에 영합하는 무리들은 그 양심을 제각각(자신의 이해에 맞춰) 해석하며 사람들이 따르게 하려 든다.

바람을 거슬러 항해하는 게 현명한 투자 감각이라고 한다면 잘못된 생각이다. 가치를 투자하든 돈을 투자하든 마찬가지이다. 만약 근본이 잘 작동하고 있다면 황소(호황)니 곰(불황)이니 하는 논란은 이내 사라져 자연에서 얻는 부나 문명의 혜택에 누구나 쉽게 감사할 있게 되니까 말이다. 우리가 태어나서 근본을 처음 접하고 배우는 단계는 유아기이다.

구자라트 주민 6천만 명이 12년 동안 계속해서 모디에게 권력을 맡겼을 때, 반대진영의 두 부류 집단이 모디의 근본이 틀렸다고 주장하며 그것을 증명하는 데 온갖 술책을 동원했다. 모디는 그들의 음모를 파악하느라 적잖은 대가를 치렀다. 그들은 모디에게 근본주의자라는 낙인을 찍었다. 그러면서 '근본주의자 모디'를 선명한 환각의 이미지로 만들어냈고, 주요 언론들은 이를 전적으로 사실인 양 퍼뜨려 댔다. 언론들은 오랜 기간 허무맹랑한 그런 이슈로 황금같은 시간을 허비했다. 오늘날, 모디가 근본주의자라는 낭설은 사라진 듯 하다. 모디는 매우 훌륭한 연설가였다. 하지만, 그는 말보다 행동이 앞서는 사람이었다. 모디의 이런 자세는 그가 세속적이냐, 근본적이냐 하는 논란 자체를 무의미하게 하곤 했다.

그가 구자라트주 총리로 재임하던 첫해, 가장 큰 도전은 구자라트의 대의(大義)에 그가 지키고자 한 가치를 적용하는 일이었다. 이를 위해, 바로 총리 역할을 수락한 이후, 라즈코트(Rajkot) 지방선거에서 반드시 압승하고 여세를 몰아 어떠한 정치적 손실 없이 다음 총선을 순조롭게 치러야 했다. 2004년 총선에서 모디가 이끄는 인도국민당(BJP)이 구자라트주에서 절대 다수의석을 차지하며 승리했다. 이 총선은 특히 (모디에게) 지식과 정치적인 재능, 그리고 성품의 실험을 요구하는 하나의 과정이기도 했다. 우리는 모디에게 시련이었던(반대파들의) 음험한 적대감에 관한 이야기를 이어가고자 한다.

위임 통치의 묘술

모디 역시 조직의 일원이어서 다양한 사람들과 함께 일을 해야 했다. 그들은 매우 헌신적이었다. 그러나 비뚤어진 열정에 끌려 다니는 젊은이들이 일부 있었다. 그들은 안정된 경제활동이 없다 보니, 흔해빠진 정치꾼들의 행태를 좇고 있었다. 민주주의가 성숙한 나라에서는 젊은이들이 미래를 위한 소중한 자원이다. 젊은이들이 생계에 필요한 마땅한 경제 수단이 없는 상황에서, 그들에게 공적 생활에서 민주주의 가치를 수호하도록 요구한다면 성급한 주문이 아닐 수 없다.

젊은이들에게 민주주의의 가치를 고양시키면 확실한 효과를 거둘 수 있는 경우는 선거기간 펼쳐지는 정치 캠페인에서다. 그들이 적극적으로 정치 활동에 참여하는 시기에는 나름 경제 문제를 생각하는 지혜와 그것에 대한 성숙한 자세가 갖춰지기 때문이다. 그런 사고방식을 오랜 기간 익히면서, 그들은 통치 세력의 주체로서 세련된 정치 지도자 집단의 일원이 될 수 있게 된다.

   한 때, 모디는 독재정치 투사의 이미지로 인식되기도 했다. 하지만 오늘날 그는 위임 통치와 팀워크의 빼어난 기술을 보유한 정치가로 인정받고 있다. 2016년 8월 의회 양원에서 인도의 '상품 서비스세(GST)'[15] 법안이 통과되는 과정에서 입증된 것처럼 말이다. 그는 자신을 보좌하고 있는 장관들로 하여금 주변 사람들에게 다가가 국정 운영의 성공담을 전하도록 독려하고 있다. 그런 식으로(국민과 소통하는) 거대한 지렛대를 만들어놓고, 자신은 우선순위의 국사에 집중하며 역량을 최대한 활용하고 있다.

   공직 생활이란 전문직도 아니고 전문직을 밀어주는 도구도 아니다. 이런 진실이 확고히 뿌리를 내려야만, 누구든 개인이 경제적 필요 조건들을 충족할 수 있는 지속 가능한 활동 방향을 찾을 수 있게 된다. 그렇지 않을 경우, 누구든 좌절에 빠지기 마련이다. 그런 개인들이 늘어나면 정당은 엇나가는 열정을 관리하기 위해 심리상담사를 고용할 만큼 압박을 받을 게 뻔하다.

   당원들의 기대를 따르다 보면 피드백 시스템이 필요하다. 정당이 당원들의 보호벽 역할을 하는 피드백 시스템을 넘어 국민 개개인의 감정선에 다가가지 못한다면 권력 행사는 한낱 무용지물이 될 뿐이다. 어떤 정당도 민주주의의 풀뿌리인 민중과 소통하지 못하면 결코 살아남을 수 없기 때문이다.

국민 모두는 누구나 마음속으로 자기 나름의 정치적 전략가로 활동한다. 그들은 주저하지 않고 자신의 전략을 기반으로 지도자와 집권세력을 결정한다. 민주주의는 어떤 그릇의 지도자이든 얼마든지 권력에서 축출할 수 있다. 불굴의 지도자는 그가 권력을 차지하고 있든, 그렇지 않든 관계없이 국민에게 사랑받는 사람이라야 한다. 예컨대, 윈스턴 처칠이나 마틴 루터 킹, 마하트마 간디, 넬슨 만델라가 대표적인 본보기이다. 여기에다 집권 기간 내내 리더십을 더욱 공고히 한다면 금상첨화이다. 모디는 누가 보아도 진정한 인도의 지도자이다. 그가 계속 불굴의 지도자로 남아있다는 사실은 그리 놀랄 일이 아니다.

지식 기반의 정치 체제

권력은 정상회담이나 연회, 조명이 켜진 리무진, 내각, 의회, 언론, 명성, 청중, 잔디밭, 관목 숲, 이프타르(iftaar, 라마단 금식 이후의 첫 번째 식사), 서명, 항공기, 의류, 방송, 수익, 비용, 허가증, 골프 코스 등이 아니다. 권력은 정치전략, 산업 경제, 사자 사파리 또는 조류 전시장도 아니다. 권력을 가졌다고 해서 누구나 군주가 되는 것은 더더욱 아니다.

권력은 인간의 양심을 인류 복지를 위해 쓸 수 있게 이끄는 기술과 과학을 합해 놓은 것이다. 권력을 사회를 바로 잡기 위해 사용하면 약과 같은 역할을 할 것이고, 복지와 공공복리를 위해 사용하면 천연 비타민처럼 작용할 것이다. 권력은 어떤 경우에 쓰더라도 적정한 용량을 계산하는 것이 매우 중요하다. 권력의 영역이란 결코 정치적 구상을 시험하는 실험실이 아니기 때문이다. 권력을 가진 자가 야욕을 품고 있거나 무지해서는 안 되며, 그는 유권자들의 양심에서 힘을 얻어 흡수한 에너지를 전달하는 역할을 하는 데 그쳐야 한다. 이는 유권자들이 믿고 투자한 가치를 악용한 일부 통치자들이 역사의 반역자로 남게 된 이유이기도 하다.

모디가 집권했던 첫해, 그에게는 고대, 중세, 현대 정치의 인물들과 비교되는 것이 힘들고도 커다란 도전이었다. 예나 지금이나, 정당하게 오른 권좌일지라도 복잡미묘한 성격의 전염성 바이러스로부터 벗어나게 해 줄 백신이 발명되지 않았기 때문이다. 권력의 성격을 올바르게 알고 제대로 사용하는 것이야말로 지도자의 성공을 가늠할 수 있는 중요한 지표이다.

권력에 관한 지식은 사정과 형편에 따라 언제든지 달리 쓰이는 것 말고도, 시간이 지나면서 보다 낮은 차원의 권력들과는 근본적으로 다른 의미 있는 특징을 갖고 있다. 따라서, 권력이 세상의 모든 관심사를 처리하는 데는 유한할 수밖에 없다. 우리가 붙잡고 싶고 또 옹호하고 싶은 것이 망가진다 해도 동원할 수 있는 권력은 분명 한계가 있다.

   대조적으로, 지식은 그렇지 않다. 우리는 언제든지 새로운 지식을 더 많이 생성시킬 수 있다. 그리스 엘레아의 철학자인 제논(Zeno)은 제법 흥미로운 가설을 세운 바 있다. 만일 여행자가 매일 목적지의 절반쯤 가면 항상 또 다른 절반을 가야 하므로 결코 그의 최종 목적지에 도착할 수 없다고 한 것이다. 마찬가지로, 우리는 모든 것에 대한 궁극적인 지식에 결코 도달하지 못한다. 하지만, 항상 어떤 현상을 완벽하게 이해하려고 한 발짝 한 발짝 더 나아갈 수는 있다. 지식은 이런 원리에 따라 무한히 확장할 수 있다.

'감성 경제'의 브랜드

   모디는 다른 정치가들처럼 권력을 추구하지 않았다. 그에게 권력은 기회가 아니라 더 과중한 책임이었다. 그는 경제 이익집단들로부터 어떤 로비도 받지 않았다. 그로 인해, 누군가를 위험에 빠뜨리고 싶지 않았기 때문이다. 그는 진정한 민중의 지도자로서 자신의 존재를 인정받고 싶었을 뿐이었다.

   그는 권력을 하나의 도전으로 받아들였다. 그러면서 연장선상에서 업무의 원칙과 실천, 그리고 절차를 결정하고자 했다. 그는 상투적인 정치꾼 이미지의 희생자가 되는 것을 원치 않았다. 그는 많은 사람들이 권력을 잃은 후, 생존을 위해 허우적거리는 모습을 자주 보았다. 그들은 정치 노동자로서 차를 마시며 밤새워 일한다. 따라서 그들은 수입의 몇 배에 달하는 찻값을 허비해야 한다. 가족과 함께 보낼 수 있는 시간은 그들이 감당하기 어려운 사치에 불과하다.

공인의 삶에서 아무리 좋은 일을 했을지라도, 그들이 악의적인 목적을 추구하는 모사꾼들의 눈 밖으로 벗어나면 참으로 신세가 비참해 진다. 세상 정치의 무게를 측정하는 저울의 눈금은 거의 경제적 후원자들의 입맛에 달려 있다.

하지만 불행하게도, 지난 10년간의 경제개혁에서 돈은 한낱 판매되는 상품이나 다름없었다. 유통과 생산 기반의 경제는 돈이 수단이 아닌 목적이었고, 돈을 버는 방향으로만 움직였다. 아무도 돈의 출처를 알지도 못했고, 아무도 돈의 흐름을 알지도 못했다. 돈은 경제를 움직이는 혈액인데도 말이다.

돈이 하나의 제품으로 둔갑한 결과, 국가 경제는 엄청난 출혈과 재앙적 규모의 장애를 겪었다. 이는 전례 없는 금융사기와 스캔들, 파산 및 부패를 야기했다. 선의의 경제인들은 이루 말할 수 없는 고통을 겪었다. 수혈이 필요한 환자에게는 피 한 방울도 안 주면서, 멀쩡한 사람에게는 불필요하게 피를 많이 주입하는 것이나 마찬가지였다. 금융기관들이 과도할 만큼 수세적 입장을 취하다 보니 잘못된 것은 보호하고 바른 것은 막는 어이없는 상황이 펼쳐졌다. 지나친 통화 긴축으로 인해, 인도 루피의 힘이 약해졌고 이는 결과적으로 더 심각한 재정적자와 기본 생활비 증가로 이어졌다. 난국을 해결하는 유일한 길은 투자를 늘리는 것이었다. 규제를 완화해 유휴자본을 생산적인 비즈니스로 유도하는 것은 권력자들이 인기를 얻기 위해 흔히 쓰는 정책이었다. 모디 역시 같은 정책을 채택했고, 그것을 2년마다 열리는 투자자 정상회의의 형태로 실행에 옮겨 그 자체를 하나의 브랜드로 자리잡아 나가도록 했다. 물론, 그는 자신의 브랜드를 회의에 암호로 새겨 넣은 셈이었다!

03

적개심의 암류(暗流)를 헤치고

03

적개심의 암류(暗流)를 헤치고

    국가경영의 기준을 설정하려면 시스템 전체의 업무 수행 과정에서 생겨나는 심리적 장벽부터 극복해야 한다. 2001년, 인도국민당(BJP)은 모디에게 구자라트주의 총리 역할을 맡기기로 결정했다. 구자라트주의 입법부 의원들이 모디와 자신들의 관계를 잘 알고 있었기 때문에 권력승계는 비교적 쉽게 이행됐다. 만약 그가 오로지 야망으로만 가득 찬 정치 행보를 보였다면 아마 구자라트주의 총리를 세 번씩이나 연임하는 일은 없었을 것이다. 모디는 기득권의 상징인 왕조의 배경이 없는 정치인이었다. 오로지 자신의 임무를 충실히 하는 것만이 그가 살아남을 수 있는 유일한 길이었다.

    얼마 후 2002년 12월 선거운동 기간 중, 로이터 통신의 한 선임 특파원이 다음과 같이 질문했다.

    "모디 씨, 당신은 사실상 전국 차원의 역할을 수행해 왔습니다. 그런

데 하나의 주 총리로서, 당신은 그 변화를 어떻게 인식하고 있습니까? 혹시라도 당신은 앞으로 전국 차원의 정치에 참여할 야망이 있으십니까?"

보통, 선거운동 기간 중 이동할 때는 누구나 다른 생각할 겨를이 없다. 그때는 그가 바나스칸타의 국경 지역을 지나 운전하던 중이었다. 그는 곰곰이 생각하다 말했다,

"국경을 넘나들며 테러와 아편의 침투, 그리고 밀수가 빈번히 벌어지는 시대에 국경을 접하고 있는 주를 이끈다는 것은 한 국가의 총리 역할 못지않습니다. 저는 이런 반국가 범죄들로부터 주는 물론 모든 국민을 보호할 필요가 있습니다. 당면한 책임을 다하는 것 자체라면 주 정부든 국가든 모두의 역할인데, 왜 불필요하게 야망을 키우겠습니까?"

그는 잠시 멈춘 후에 덧붙였다. "저를 움직이는 것은 야망이 아니라 저의 임무 자체입니다."

국제 음모의 진상

인도의 구자라트주는 북쪽으로 파키스탄과 500km 이상 국경을 접하고 있어 불법 잠입자와 밀수꾼들이 쉽게 드나들 수 있다. 국가의 통제시스템이 그들을 막기 위해 온갖 노력을 기울여 왔지만, 인접한 해안과 사막, 육지의 국경에서는 무기 밀수와 불법 마약, 그리고 테러가 빈번히 이뤄지고 있었다. 그런 범죄들로 인해, 양쪽 국경 주변에 사는 젊은이들이 생사를 걱정해야 할 만큼 위험에 처해 있었다. 아크샤르담 사건과 아메다바드와 뭄바이에서 있었던 연쇄 폭발사건이 그런 사실을 입증하는 적나라한 증거들이다.

불법 잠입자들이 인도에서 배급표를 받게 되면 인도 민주주의 시스템에 따라 유권자로 등록될 수 있다. 한 커다란 국제 음모조직은 이 점을 악용했다. 이 단체는 대규모의 불법 잠입자들을 동원해 인도의 인구구성 분포를 교란시키고자 했다. 나아가, 지방의회 선거에서 주 정부의 기득권 세력들과 쉽게 야합하기도 했다. 그도 그럴 것이, 지역 정치권 자체가 투표 때마다 한 표가 아쉬운 분열된 지역 정당 정치인들의 농단에 놀아났기 때문이다. 지역의 기득권 정당들은 불법 잠입자들을 자신을 지지하는 예비 유권자로 여기고 협상을 벌여 그들에게 투표권과 복지혜택을 받을 수 있는 국적을 제공해 준다. 이는 중국 시민들이 한국시민권을 얻은 다음 한국 선거에 참여해 중국을 지지하는 정치인들을 뽑는 것이나 마찬가지다. 필요에 따라 편리한 시점에서 그들은 언제나 그런 범죄를 조직적으로 수행하는 데 동원된다. 참으로 위험천만한 일이 아닐 수 없다. 이로 인해, 선거구가 민족주의 정당인 BJP에 호의적이지 않게끔 구조적으로 조작되는 경우가 생기기 때문이다. 따라서 BJP의 정치적 계산이 엉망이 되기도 한다. 부담은 온전히 국고를 담당하는 재무부가 떠맡는다. 모든 복지 프로그램에 국경을 넘어온 불법 이민자들이 여지없이 포함되는 까닭이다.

구자라트주 역시 불법이민자들로 인해 선거구의 인구구조가 왜곡되고, 결국 부당한 복지지출을 감내해야 하는 이중고에 직면하고 있었다. 모디는 이 문제를 심각하게 바라보며 폐단을 막기 위해 애썼다. 무슨 수를 써서라도 인도가 반드시 해결하고 넘어가야 할 문제였기 때문이다. 그런 흐름 속에서, 모디를 향한 지역 정당 정치인들의 저항감은 실로 엄청났다.

인도의 국가와 주 정부 수장들은 그런 정치 모리배들의 농간에 정치적 생존이 좌우되는 상황 때문에 골머리를 앓아 왔다. 인도 내 곳곳의 정치꾼들은 무기, 폭발물, 화학 및 생화학 무기, 아편, 불법 마약들을 동원해 불상사를 일으키는가 하면, 심지어는 젊은이들을 선동해 정부 정책에 분노하고 저항하게 하는 음모를 일삼고 있었던 탓이다. 그들은 젊은이들을 잘못된 방향으로 끌고 가고 있었다.

    그들이 인도 젊은이들을 파괴하려는 이유는 그들이 갈고 닦은 재능을 바탕으로 국제경제에서 영향력을 확대하고 있었기 때문이다. 인도 젊은이들이 건전하게 성장하는 덕분에 인도에선 양질의 사업들이 날로 번창하고 있다. 이는 세계 경제에 기여하는 것이나 다름없다. 범세계적으로 인력 자원의 개발을 돕고 있기 때문이다. 만약 모든 젊은이들이 안정되고 탄탄한 일자리를 잡아 나가는 데 성공한다면, 세상은 참으로 평화로울 것이고 청년들의 정신세계 또한 안락하게 될 것이다. 어떤 상황의 노동 이론이든 파괴에서 관리로, 나아가 창조의 패러다임으로 진화하게 될 게 분명하다. 젊은이들의 신경계에는 아편을 저장할 공간이 사라지고, 그들의 영혼 속에는 폭력 무기에 이끌릴 어떤 요소도 없을 것이다. 그렇게 되면 총탄의 재고가 증가할 것이고, 시간이 지남에 따라 무기의 가치 역시 떨어지게 될 것이다. 그러면 무기와 탄약 거래 종사자들이나 제조업자들은 새로운 길을 모색하지 않을 수 없게 된다. 결국은, 세상에 온통 선한 마음이 흘러 다니고 지구촌이라는 이상향이 현실에 나타날 것이다. 나아가, 세계의 모든 형제들에게 보내는 힌두교 지도자 스와미 비베카난다(Swami Vivekananda)의 메시지 또한 올바로 반향을 일으키게 되리라 본다. 최근에 개봉된 영화 '웃타 펀잡(Udta Punjab)'은 관련한 스토리를 그리며 전하고 있다. 이 영화는 청소년, 학부모, 제도권의 모든 종사자들, 그리고 국회의원들의 정신활동을 돕는 예방 의학으로써 크게 기여할 것이라 믿는다.

모디는 총리에 취임한 후, 이웃 파키스탄 내 반(反)인도 세력과 친(親)인도 세력들 모두를 상대해야 했다. 그는 한편으로 양국의 반목에 대해 국제적인 관심을 불러일으키고, 다른 한편으로는 보다 나은 양국 관계를 위해 국경에 장벽을 건설해야 하는 책무에 골몰하고 있다. 모디의 행보는 올바르게 가고 있는 듯 하다.

구자라트주는 천연자원을 번영의 동력으로 삼고 있다. 구자라트주의 광대한 천연자원은 1,600킬로미터의 해안선과 깊은 산림지대, 산맥 그리고 사막 등에 퍼져 있다. 인도 내 그 어떤 주도 이만큼 자원을 갖고 있지 않아 정말 특별히 자연의 혜택을 받은 지역이라 할 수 있다. 구자라트의 이런 지리적 기반은 천연자원을 마음껏 향유하는 엄청난 기회를 제공하고 있다. 석유, 천연가스, 농업, 허브 및 광물은 용도에 따라 얼마든지 확보할 수 있다. 그런 천연자원들이 타피(Tapi) 강, 나르마다(Narmada) 강, 사라스와티(Saraswati) 강 및 사바르마티(Sabarmati) 강들의 환경과 어우러져 구자라트에 현대문명이 쉽게 자리 잡을 수 있었다.

구자라트에는 초기 석기시대부터 사람들이 전역을 돌아다니며 살았던 것으로 추측된다. 유명한 국제 고고학자 자옌드라 나나바티(Jayendra Nanavati)가 자신의 저서 '구자라트의 유산'에서 인용한 바와 같이, 구자라트 곳곳에서 현재 석기시대의 유적들이 상당히 다양하게 출토되고 있다. 이는 인류 초기에 사람들의 이주를 조명하는 매우 중요한 사료인 동시에, 구자라트주가 국제 고고학계에 각별하게 기여하고 있는 것이기도 하다. 구자라트 주민들에게 그런 소중한 자원들을 보존하는 것은 매우 중요한 문제였다.

구자라트는 인도 독립운동에서 필사적으로 투쟁한 바 있다. 그런 탓인지, 독립 이후 구자라트주에서는 주민들을 혼란에 빠뜨려 불안하게 하는 사건들이 자주 발생하곤 했다. 이는 바로 구자라트의 평화를 방해하고 경제 발전을 막기 위한 세력들의 준동이었다. 그들은 구자라트주와 국가를 거부하는 세력들로, 그들 사이에 모디에 대한 적대감은 날로 커져갔다. 카슈미르 지역에서도 비슷한 적대감의 기류가 활발하게 흐르고 있었다. 모디는 유능한 장관들을 보유한 노련한 선거운동가다. 카슈미르 평화와 번영의 부활은 남아시아는 물론 인도 전체에도 좋은 결과를 초래할 수 있다. 그것이 얼마나 빨리 현실이 될지는 오직 시간만이 말해줄 것이다.

구자라트 주민들의 성향은 태생적으로 감정적이다. 정의에 반하는 사건이 발생하면 그들은 자신을 스스로 일깨우며 대항해 왔다. 때때로 그런 성향이 음모론자들의 조직적인 태업에 악용될 소지는 있다. 격한 감정은 곧잘 군중심리로 옮겨갈 수 있고, 누군가가 조종하는 사악한 음모에 휘말려 심각한 무질서로 곧잘 이어지곤 하기 때문이다.

"방해하지 말라!"

2001년, 모디가 구자라트주 총리로 취임한 날, 그는 선명한 메시지를 던졌다. 구자라트주는 국가안보와 사회안정의 관점에서 아주 중요한 위치를 차지하고 있다. 모디는 그 의미를 한번도 잊은 적이 없다. 그는 "방해하지 말라!"라는 말을 하나의 슬로건처럼 외쳤다. 테러를 모의했던 세력들과 그들의 추종자들은 깜짝 놀랄 만큼 큰 충격을 받았다. 정치 모리배들과 그들로부터 돈을 받는 폭력배들에 이르기까지, 자신들의 생존을 위태롭게 하는 메시지로 받아들였다. 그들은 즉각 반격에 나섰다. 정치, 경제, 사회 가리지 않고 책동하기 시작했다. 그들은 모디에게 노골적인 적대감을 드러내면서 단 하나의 의제로 뭉쳤다. "나렌드라 모디를 제거하라!"

언론은 자신들의 책임을 다하지 못했다. 주민들 가운데 무지한 부류도 모디의 이미지를 깎아내리려는 불순한 의도에 쉽게 휩쓸리고 말았다. 실상은 전혀 달랐지만 말이다. 볼 수 있는 사람은 말을 할 수 없었고, 말할 수 있는 사람은 볼 수가 없었다. 2002년 2월 고드라에서 무고한 승객들을 태운 기차가 불에 타는 사건이 발생했다. 단순한 사고가 아니었다. 그것은 조직적인 범죄였다.

그날 한 지역 일간지는 어느 특정 지역에서 폭탄이 터졌다고 보도했다. 사실, 그것은 폭죽이었다. 곧이어 이런저런 소문에 꼬리표가 달리기 시작했다. 고드라 대학살 이후, 폭동 행위, 폭동 계약, 폭동 보고 등 폭동 사건의 등급이 매겨졌다. 폭동 청부업자들은 정치 모리배들에게 가격을 제시하고 계약이 끝나면 부여된 폭동 과제들을 곧바로 행동에 옮겼다. 그들의 주요 임무는 인명 살상과 통행 방해, 약탈, 음모, 정치적 올가미, 토지가격 왜곡, 대 경찰 테러, 공공병원의 응급치료 방해 등이었고, 한발 더 나아가 이런 범행들이 모디 및 구자라트주 정부와 연관이 있을 것이라는 소문을 퍼뜨리는 일이었다.

인도는 이 같은 정치꾼들의 적대행위 패턴을 세계에 널리 알리느라 바쁘게 움직였다. 예방적 차원의 조치이기도 했다. 하지만 그런 좋은 의도는 주변 국가들에게 일종의 화제 거리, 즉 자기와는 별 상관이 없는 따분한 이야기 정도로 받아들여지고 있었다. 그런 탓에, 모디는 고질적인 힌두교 근본주의자로 낙인이 찍혔다. 테러 위협은 2016년에도 같은 패턴으로 전 세계를 강타했다. 미국은 모디에게 비자 발급을 거부했고, 몇몇 다른 나라들은 드러내놓고 그에게 거리를 뒀다. 하지만 모디는 계속해 이슬람 근본주의 테러에 대한 경종을 올리고자 애썼다.

자신에 대한 적대감에 대항하기 위한 방편으로, 모디는 유능한 동료들을 불러들여 완성한 치안시스템을 고수하며 활용할 수밖에 없었다. 그는 사법, 경찰 및 행정 시스템의 충성도를 수시로 확인해야 했다.

'슈퍼 캅'의 출현

모디는 펀잡(Punjab) 지역의 반란을 잠재운 바 있는 '슈퍼 캅(super cop)', 칸와르 팔 싱 길(Kanwar Pal Singh Gill, K P S Gill)을 구자라트로 불러들여 치안 고문의 임무를 맡겼다. 언론도 모디가 KPS 길과 손을 잡은 것을 마냥 비판할 수는 없었다. 마침내 구자라트에는 경찰을 두려워하는 분위기가 생겨났다. '슈퍼 캅'이 등장하자, 음모론자들은 폭동 세력을 규합해 계약을 맺는 것보다 폭동을 일으켜 널리 알리는 방향으로 전략을 수정했다. 그들은 폭죽 사건과 같은 식의 거짓말들을 날조해 언론에 전달하고 보도하게 했다. 언론이 사실을 일일이 확인해 가며 보도할 가능성이 없기 때문이었다. 그들은 사회에 공포와 긴장을 조장하기 위해 언론이 지닌 약점을 악용했다. 그들에 의해 조작된 이야기들은 계속 사회의 조명을 받았고, 사람들은 밤낮으로 입방아에 올려가며 가짜 뉴스를 생각 없이 받아들이고 있었다. 지역 언론들을 상대로 한 조작은 너무나 쉬운 일이었다.

그 결과, 국내 언론이 꾸며낸 이야기들은 국제 언론으로 확산되고 또 제3의 뉴스들로 재생산돼 날아다녔다. 한 개의 카메라로 방송되는 전자 미디어는 조직적으로 벌어진 폭동의 쇼만 보도했을 뿐, 주 경계지역에 사는 나머지 오천만 명의 주민들의 일상은 전혀 보도하지 않았다. 폭동 쇼 말고, 나머지 주민들의 삶은 전혀 선정적이지 않은데다 오히려 평화롭게 보인다는 이유 때문이었다. 오로지 선정적인 보도만 하려는 열정에 눈이 멀어 다른 곳을 무시하는 언론의 그릇된 의무감이 난무하던 시절이었다.

구자라트의 주도인 아메다바드시의 많은 지역은 그런 혼란의 영향을 전혀 받지 않았다. 모든 사람들의 일상이 문제없이 평화롭게 돌아가고 있었다. 그러나 뉴스채널의 카메라맨은 상업적 가치가 없는 일상사에 시간을 할애하지 않았다. 뜨거운 뉴스를 방송하는 데 급급한 나머지, 사실을 공정하게 전달해야 할 사회적 책임은 안중에 없었기 때문이다. 언론은 선정주의에서 더 많은 광고 수익을 창출한다. 주내 주요 채널의 뉴스 편집자들은 그에 따라 스스로 검열하고 통제하는 어이없는 상황에 직면해야 했다. 그런가 하면, 다른 한편에서는 뉴스채널의 또 다른 바퀴가 방종의 상태로 돌아가고 있었다. 뉴스 관제실에서 혼란 일색의 시나리오를 쏟아내는 바람에 시청자들은 어쩔 수 없이 거의 공황에 빠져야 했다. 결국, 양심적인 입장을 취하고자 했던 기자나 언론인들은 방송할 기회조차 얻지 못했다.

  언론의 무책임한 선정적 보도로 조장된 부정적 분위기는 어떤 식으로든 정부의 영향을 받는 사람들을 불안하게 하기 마련이다. 경제에 관심이 큰 사람들은 잘못된 피드백을 받아 투자를 꺼리게 되고, 투자를 하고 싶어도 부정적인 심리 요인들로 인해 방어적 자세를 취하곤 한다. 그런 변화는 비즈니스 사이클에도 영향을 미친다. 은행을 비롯한 금융기관들은 지나치게 몸조심을 하고, 그로 인해 건실한 지역 기업들의 운신은 더욱 힘들어진다. 실제 그런 상황은 구자라트주가 비교적 낙관적인 발전의 물결을 일으키고 있을 무렵에 벌어졌다. 사람들이 이전의 통치구조와는 무언가 달라졌음을 느끼기 시작했고, 새로운 환경의 경제체제를 구축하고자 했던 노력이 비로소 올바르게 방향을 잡아가고 있던 때였다.

하지만, 불순세력이나 언론에 의한 당시의 적대감은 구자라트주에서 새로운 현상이 아니었다. 1961년 독립한 이래, 구자라트주는 주기적으로 유사한 적대감이 기승을 부리면서 혼란을 겪어야 했다. 권력자가 관련된 모사꾼들을 알고도 잡아들이기란 여간 어려운 일이 아니었다. 결국 주 총리가 권력을 유지하려면 대부분의 시간과 자원을 정치적인 반대 세력들을 요리하는 데 쓸 수밖에 없었다. 반 정치 세력들의 음모를 오랜 세월 경험하며 파악해 대처하려면 그들보다 더 높은 수준의 능력과 지식, 그리고 열정이 필요하다. 주 총리를 선출하는 전통적인 시스템은 델리 권력자들의 구미에 맞게끔 설계돼 있었다. 이는 과거 인도의 분열된 정치 역학에서 연유한 것이었다. 당시 인도의 정치는 중앙정부와 정당, 그리고 지방 유력 가문의 권력을 배경으로 선거에서 승리한 지역 토착 정당들의 연합에 의존해야 했다. 당연히, 델리의 정치인들에게 주 총리는 온건한 인물로 인식돼야 했다. 그는 델리의 정치인들이 보기에 다루기 쉬워야 했고, 중앙정부를 통해 주에 내려진 명령이나 조치에 의문을 제기해서는 곤란했다. 아울러 주 총리는 당의 효율적인 금고지기 역할을 해야 했다.

모디는 그런 전통적인 구습(舊習)에서 벗어나고자 했다. 그는 혼자 자기 힘으로 모든 문제를 해결하려고 했다. 무엇보다도 주의 이익을 우선시했다. 물론, 모두를 만족시킬 수는 없는 노릇이었다. 그는 결코 주 정부와 국가의 이익에 반해 타협하려 하지 않았다. 과거에는 모디 같은 인물이 권력을 쟁취한다는 것이 그저 환상에 지나지 않았다. 따라서, 모디가 주 총리직에 올랐다는 사실 자체가 인도 정계의 불문율을 한참 넘어선 것이었다.

인도 민주주의가 불균형의 파행을 드러냈던 근본 원인은 지도자를 간접적으로 선출하는 방식에 있다. 입법의원 선거는 마치 돈을 투자하는 전쟁으로 인식됐다. 자연스레, 전쟁에 임하는 정치인들에게는 손익 계산서가 중요한 성공 지표로 간주됐고, 주 총리 같은 지도자들을 나약하게 하는 것이 곧 입법부 의원들의 경제적 열망을 불사르는 방편으로 작용했다.

모디가 그런 사실을 모르고 있을 리 없었다. 주 총리로 취임했을 당시, 그의 주요 임무는 입법부 의원들로부터 신뢰를 받는 것이었다. 그런 다음, 보궐선거에서 승리를 해야만 했다. 그는 보궐선거에서 승리한 지 일주일도 채 되지 않아 고드라 대학살을 겪었지만 곧 평화를 회복시킬 수 있었다. 모디에게 적대적이었던 언론들은 시도 때도 없이 그를 겨냥하고 있었다. 곧바로 주의회 선거가 치러졌다. 상황은 녹록하지 않았다. 하지만 그는 BJP로부터 전권을 위임 받아 확실한 승리를 거두기 위해 책임을 지고 적대세력들과 싸우며 그들을 관리해 나갔다. 지금은 더 넓은 화폭에서 델리의 유사한 적대세력들을 대하고 있지만, 과거 주 총리시절 경험한 험로의 여정이 매우 유용한 자산으로 구실을 톡톡히 하고 있다.

모디 정부가 외국인 투자를 유치하려 할 때도 엄청난 저항에 부딪쳤다. 그럼에도, 두 번의 임기 동안 외국인들로부터 상당한 규모의 직접투자를 유치할 수 있었다.

모디가 이렇게 대대적인 변혁으로 인도를 바꿔나가는 이면에는 철저한 준비를 통해 만들어진 흥미로운 이야기가 숨겨져 있다. 하지만 그것은 확실히 허구가 아니다. 이야기는 무용담처럼 전해져야 한다. 이야기 속에는 성격이나 예시, 연관성, 그리고 결과의 측면에서 매우 실질적인 내용이 들어있다. 현재진행형인 이 이야기는 그를 비난하는 정치꾼들의 칼질로 가차 없이 변질되고 있다. 이는 조직적인 일탈이라고도 할 수 있다. 교묘하게 뒤트는 해석과 그것을 바탕으로 마구잡이로 양산되는 불안감을 인쇄 및 전자매체 채널을 뒤덮어 전달하는 사례가 횡행하고 있기 때문이다. 인도 정치사에서 통찰이 필요한 하나의 사례 연구로 접근할 필요가 있다. 모디의 실험은 종합적이고, 정치체계와 사회, 그리고 경제와 적절한 상관관계를 따져가며 면밀하게 관찰해야 할 당위성이 충분하다.

04

신기원(新紀元)의 경제 모델

04

신기원(新紀元)의 경제 모델

    세계가 이륜차라면, 경제와 사회는 그 이륜차를 움직이게 하는 두 개의 바퀴이라고 할 수 있다. 이 두 개의 바퀴는 상호 의존적이다. 세계화의 움직임은 오로지 경제에만 의존해서 출발하려 했다. 우리는 드디어 출발을 지켜볼 수 있었다. 아니나 다를까, 그에 따른 피해가 만만치 않았다. 우리는 세계를 세 부류로 나누어 이야기한다. 후진국, 개발도상국, 그리고 선진국. 하지만 각각의 경제 구조는 그리 단순하지 않다. 이러한 분류체계로는 경제 개발 과정을 추적하기가 쉽지 않다. 경제 건전성을 측정하는 지표는 피상적이고 오해의 소지가 있다. 국내 총생산(Gross Domestic Product: GDP)과 복합적 연간 성장률(Compound Annual Growth Rate; CAGR) 같은 지표로는 경제 건전성을 포괄적으로 보여주지 못한다. 국내 총생산 데이터는 너무 거시적인 지표이다. 그것은 공급 측면의 경제만을 반영할 뿐이다. 다시 말해서, 그것은 생산지표만 반영할 뿐, 판매 정보까지 반영하지는 않는다. 생산됐다 해서 모두 다 팔리는 것은 아니다. GDP는 경제 계획을 세우는 사람들과 투자 은행가들을 위한 지표 중 하나일 뿐이다. 실제로 극소수의 사람들만이 GDP의 진정한 의미를 이해할 수 있다.

비전, 사명, 행동의 조화는 어떤 면에서 보면 마음, 말, 행위의 일치를 의미한다. 방향만 적절하다면, 이 세 부문의 조화는 세계의 모든 종교 철학의 핵심까지도 관통할 수 있다. 사람이 육체적 필요에 의해서만 삶을 영위할 때, 그는 자신의 행동 방침을 정하고 그 결과에 대해 만족하면 그만이다. 그가 다른 사람들을 위해 무언가 기여하고자 열망한다면 그는 사명과 행동 라인을 조정함으로써 그에 따르는 행위를 하면 된다. 하지만 한 인간이 인류에게 유용한 존재로 남기를 원할 때, 그의 비전, 사명, 그리고 행동을 조화롭게 발전시키지 않고서는 불가능하다. 이러한 명제의 기본 전제는 '사람은 생명이 하나밖에 없다'는 사실에 기초한다. 숱한 존재가 공존하는 우주에서, 한 인간의 삶은 물리적인 의미로 보면 미시적이다. 문명의 시간 척도에서 볼 때, 그것은 나노 초(秒)에 불과하다.

일반적으로, 살 것인가 말 것인가 하는 생각은 질문 자체가 될 수 없다. 목숨이 있는 한, 어쨌든 사람은 살아야 하기 때문이다. 사람이 이 기본적인 깨우침을 얻게 되면, 그 다음에 그는 가장 중요한 질문에 직면하게 된다. "우린 왜 살아야 하는가?" 결국, 이 질문에 대한 대답이 그 사람의 가치를 결정한다. 인생의 목적은 언젠가 정해질 수밖에 없다. 일단

인생의 목적이 정해지고 나면 비전, 사명, 그리고 행동은 개개의 위치에서 그 목적을 뒷받침하게 된다.

어린 시절의 길거리 경제

모디 총리는 하층민의 신분으로 태어나 만만치 않은 세상살이를 시작했다. 그는 아메다바드시 한가운데에서 사람들이 가장 붐비는 어느 버스 정류장에서 작은 매점을 운영했다. 어렸을 적에는 바드나가르 기차역에서 잠시 정차한 기차 옆을 달리며 기차 안의 목마른 여행자들에게 차를 팔기도 했다. 그는 바로 그곳에서 경제를 배웠다. 운영 관리 기술을 토대로 익힌 순수한 수요 맞춤 공급의 경제학이었다. 이러한 경험은 훗날 그가 정치인으로 커나가는 과정에서 그가 누구보다도 정치와 경제의 기초를 잘 이해하는 정치인으로 성장하는 데 큰 도움을 주었다.

그는 모두가 다 함께 발전하고자하는 포용적인 태도를 유지했다. 이는 후진국과 개발도상국, 그리고 선진국의 입장을 모두 고려하고자 한 것이었다. 후진국과 개발도상국은 그 나라들이 지닌 경제적 잠재력을 활용하기 위해서라도 하나의 뚜렷한 방향 설정이 필요했다. 모디 총리는 주저하지 않고 그가 정한 방향으로 움직이기 시작했다. 그는 농촌 빈곤층을 도와 그들의 지속 가능한 구매력을 구축하지 않고서는 인도 경제를 일으킬 수 없다고 판단했다.

한 인간의 눈금은 이러한 배경과 더불어 매겨지는 법이다. 살아있는 한 사람의 가치는 그가 동시대를 사는 인류에게 얼마나 유용한 존재인지에 따라 결정된다. 인간의 지능이 발달해 과학과 기술의 혜택이 일반인들에게까지 주어지고 나면, 문명을 관측하는 이들의 마음에 떠오르는 가장 타당한 질문은 바로, '왜 인류는 공존을 위해 싸움을 멈출 수 없는가?' '왜 사람은 다른 사람들과 함께 번영할 수 없단 말인가?' 그리고 '사람들은 왜 다른 사람들을 헐뜯고 비난하는가?' 하는 질문들이다. 얼핏 단순해 보이는 이 질문들은 힘이 지배하는 정치의 관점에서 문명을 바라볼 때 가장 쉽게 이해될 수 있다.

가난한 사람 중 가장 가난한 사람에서부터 시작해 가난한 사람 중 가장 부유한 사람에 이르기까지, 그리고 부유한 사람 중 가장 부유한 사람에서부터 시작해 부유한 사람 중 가장 가난한 사람들에 이르기까지 그들 모두에게 해당하는 말이다.

2001년 모디가 구자라트주의 총리로 취임했을 때, 그는 영적인 의지와 정치적인 의지를 모두 지니고 있었다. 시간이 지남에 따라서, 그는 주민들의 고통을 직접 느낄 수 있었고, 그들의 눈높이에서 문제를 읽을 수 있었다.

그런 토대를 기반으로, 그는 모든 개인의 경제적 위치를 반영하고 그에 따른 성장과 발전을 돕기 위한 명확한 방향을 제공할 수 있는 공식을 만들어야겠다고 생각했다.

"한쪽에서는 세계가 하나의 공동체가 돼가고 있지만, 또 다른 한쪽에서는 인간이 더욱 외로움을 느끼고 있다."

전 세계가 텔레비전을 통해, 9. 11테러의 끔찍한 비극이 뉴욕 한복판에서 펼쳐지는 것을 목격했을 때 그가 한 말이었다. 이 사건은 정보기술과 지식이 가장 잔인하게 오용돼 빚어진 참사가 아니었던가.

세상의 모든 사람들은 지식의 시대를 지나 인간 삶의 모든 영역에서 필요한 지혜의 능력을 얻으려고 애써 왔다. 지식과 정보를 올바로 적용하기 위해서는 지혜가 필요하다. 지혜를 발휘할 수 있는 능력을 활성화하지 않고서는 우리의 사고방식은 이 기본적인 질문조차 답할 수 없을 것이다. "우리는 왜 살아야 하는가?" 이러한 질문에 온당한 답을 제시할 수 있는 지혜가 없이는 정보와 지식의 오용은 계속될 것이다.

일찍이 나렌드라 모디는 인간의 삶에서 무엇이 꼭 필요한 것인지에 관해 깊이 깨달았다. 그는 오로지 살아남기 위해 나머지 모든 것을 다 잘라내야 했다. 그는 현대 정치에서 필수적인 지혜의 능력을 기를 수 있는 기본적 소양을 지니고 있었다. 정치학을 공부하고 실천하는 사람에게 있어서, 극단적으로 치닫는 정치적 입장의 차이를 깨닫는 일은 그리 어렵지 않았다. 그는 훌륭한 연설가로서, 남들이 주목할 정도로 소통을 잘하는 정치인으로서의 훈련 과정을 무사히 마쳤다. 힘든 업무 가운데에서도 남의 말을 잘 들어주는 사람으로 성장할 수 있었다.

세상은 끊임없는 불안 속에 얽혀 있다. 이에 대해, 이론으로 다져진 정치학 지식과 더불어 정치인으로서 실제로 겪었던 경험은 그가 세계적인 경제적, 사회적 문제들을 소화하는 데 큰 도움이 됐다.

한 번은 미국의 한 대학 커뮤니케이션학과 교수가 방문해 정치선거전에서 대규모 인파가 그를 지지하기 위해 모여들 때 어떤 기분이 드는지 그에게 물었다. 모디는 단호하고 명쾌한 어조로, 그것은 자신에게 엄습하는 '책임감'이라고 대답했다.

실천하는 정치학자

인도가 독립한 이후, 구자라트주의 어떤 정치지도자도 모디처럼 대중의 열렬한 지지와 주목을 받지 못했다. 굳이 역사 속에서 그 유사한 정치가를 찾으려고 한다면, 비중 있는 대중운동에서 전쟁까지 다루는 정치 세계의 스펙트럼을 모두 다 뒤져야 할 것이다. 정권을 잡은 후에도 일반 대중들의 지지기반을 잘 유지한다는 것은 생각만큼 그리 쉬운 일이 아니다.

모디에게 있어 정치학은 그가 봉사하도록 위임받은 국가를 위해 최고의 이익을 추구하는 그의 철저한 소신을 의미했다. 그는 누구보다도 정치와 정치학의 차이를 잘 이해하고 있다. 정치가로서 위상이 높았던 시절, 그는 정치인들이 공공 조직 내에서 정치공작을 벌이는 행태에 맞서 싸우고자 했다. 오로지 국가의 이익을 추구하는 것만이 정치 활동의 근본 정신이라는 그의 소신을 지키기 위함이었다. 순수한 정치학자로서, 그는 정치로 인해 국민이 고통받는 모습을 용인하고 싶지 않았다. 그는 인도의 정치 영역에서 국민에게 도움이 안 되는 해로운 정치행태를 뿌리뽑고 싶어 했다. 인도의 민주주의 구조가 가지고 있는 다양한 특성으로 인해, 정치인들은 사람들의 집단적 열망을 쉽게 이용해 왔다. 진정한 복지정책과 대중의 부패 사이에는 아주 얄팍한 선만이 존재할 뿐, 크게 눈에 띄는 차이가 없다. 모디는 그러한 정치적 책략의 근본 원인을 누구보다도 빠르게 탐지해 내는 능력이 있다.

안타깝게도, 국익과 관련된 중요한 문제들이 정치적 신뢰의 문제에 휘말려 목이 조여지고 있었다. 그것은 전 국민을 고통으로 몰아넣는 일이었다. 모디는 그런 관행에 종지부를 찍으려고 작심했다. 그는 재화 및 서비스세(GST)법안, 카슈미르 문제, 또한 그 문제들에 대한 국제적 이해를 구하는 것을 포함해, 여러 문제들을 바람직한 방향으로 처리하면서 정치적 합의를 이끌어 왔다.

그의 그런 정치적 행보들은 그가 정치인으로서 마음속에 품고 있었던 궁극적인 목적을 거듭 확인할 수 있게 해준 주요한 발판이었다. 그는 어떻게 하면 비전과 임무, 그리고 행동의 방향을 올바르게 정할 수 있을지 해답을 찾기 위해 늘 고민했던 정치가이다.

비전 만들기

인도의 국민은 기본생활 요건들을 충족하는 데 어려움을 겪지 않아야 한다.

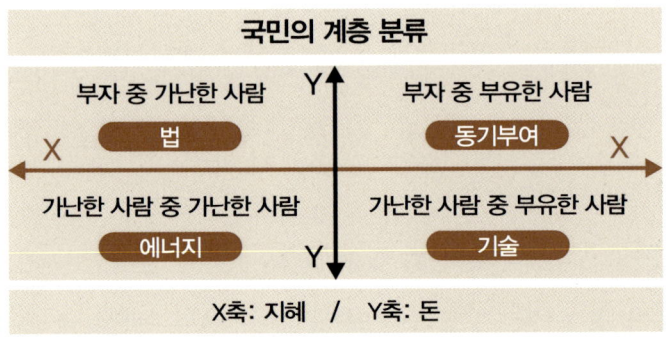

통치 체제의 배열

위의 그래픽 차트는 사람들을 네 가지 기본 계층으로 분류하고 있다. 정부는 국민의 기본생활 요건을 충족시킬 수 있도록 도와주는 역할을 해야만 한다. 이런 관점에서 정부의 개발계획은 국민이 스스로 번영의 길로 모두 함께 갈 수 있도록 공정하고도 평등하게 권한을 부여하는 과정에서 일종의 촉매제 역할을 할 뿐이다.

"사브카 사스, 사브카 비카스"(Sabka Saath, Sabka Vikas)라는 슬로건은 "모두의 협력, 모두의 발전"을 뜻하는 선언적 의미를 담고 있다. 이것은 아마도 21세기의 거대한 미션의 선언이 될 것이다. 이 미션 선언의 성공 여부는 정부가 적극적인 행정 지원을 위해 사람들을 어떤 방식으로 분류하는가에 달려 있다. 과거에 없었던 새로운 접근 방식이 모디의 정책 집행에서 그 모습을 드러냈다. 이는 국민을 향한 과학적이고도 매우 건설적인 분류 방식이었다. 과거 카스트 제도, 교리, 그리고 종교에 기반을 뒀던 통치 패턴은 여기에 예시된 매트릭스에 따른 새로운 방향으로 움직이고 있다.

이 배열을 살펴보면, 사람들은 네 개의 계층으로 분류된다. 우선 경제적 지위와 도덕성 기준을 각각 X축과 Y축으로 규정했다. 네 가지 분류는 다음과 같이 명확하게 구분돼 있다.

- (1) 경제적 지위와 도덕성이 모두 높은 계층
- (2) 도덕성은 높지만 경제적 지위는 낮은 계층
- (3) 경제적 지위도 낮고 문맹에다 가난한 계층
- (4) 경제적 지위는 높지만, 도덕성은 낮은 계층

부자 중의 부자

부자 중의 부자는 돈과 지혜의 완벽한 균형을 가진 사람들이다. 그들은 자신들의 지식을 사회에 유익한 방향으로 적용할 줄 아는 지혜를 지닌 사람들이다. 따라서 이 집단은 돈을 벌고 쓰는 데 매우 공정한 수단을 이용하는 고소득층과 중산층을 포함한다. 이런 의미에서 부자 중의 부자는 돈의 양보다 돈의 질을 통해 더 많이 사회에 모범을 보이는 계층이다. 자신의 인생을 잘 꾸려갈 줄 아는 지혜를 지닌 중산층 사람들도 부자 중의 부자로 간주할 수 있다.

가난한 이들 중의 부자

가난한 이들 중의 부자는 지혜는 풍부하지만, 경제적 여유가 없는 가난한 사람들을 일컫는다. 이 사람들은 자신들 인생의 목적을 달성하는 데 필요한 적절한 수입원이 없는 사람들을 가리킨다. 그들은 올바른 가치체계를 지니고 있고 교육도 제대로 받았지만, 취업의 기회가 부족했던 사람들이다. 올바른 가치체계가 지혜의 중요한 기준이기 때문에, 교육을 받은 모든 사람이 이 계층에 속할 것이라 가정하는 것은 오류이다. 그리고 교육은 경주가 아니라, 긴 여행이다. 학습 모드, 즉 어떻게 가르쳐 갈 것인가 하는 방법론이 이 계층에게는 더 적당한 처방이 될 것이다.

가난한 이 중 더욱 가난한 이

가난한 이들 중 유독 더 가난한 사람들은 정부로부터 가장 많은 관심과 그에 따른 지원이 필요한 계층이다. 이 사람들은 빈곤 수준(poverty line)에도 못 미치는 생활을 하며 기본적인 삶의 요건조차 충족할 수 없는 사람들이다. 이 사람들은 대부분 초등교육조차도 받지 못해 절대적 문맹 상태에 있는 사람들이다. 이로 인해 그들에게는 지혜의 능력이 차단될 수밖에 없어 그들의 삶은 대부분 거대한 무질서로 점철돼 있다.

부자 중 가난한 이

부자들 중 가난한 이들은 모든 불공정한 수단을 다 동원해서 돈을 버는 사람들이다. 이들은 가난한 사람들 가운데에서도 가장 가난한 사람들의 모든 것을 빼앗으려고 하는 사람들이다. 이것이 그들이 경제적인 면에서는 부유할지 모르나, 지혜 측면에서는 가난한 이유이다. 그들은 모든 계층 중에서 가장 취약한 상태의 집단이고, 문명의 질서를 파괴하는 역할을 한다. 그들은 반국가적 이익집단과 손을 잡아 국가의 발전을 막으려고 반란을 일으키기도 한다.

복합 관리 시스템의 필요성

통치는 매우 다양하게 나타난다. 모든 상황에 보편적으로 적용할 수 있는 통치 스타일은 없다. 통치는 하드웨어와 소프트웨어의 조합으로 실행되는 정교한 시스템이라 할 수 있다. 현대 사회의 주요한 경제적 성공사례들을 보면, 매우 독특한 특징을 가지고 있다. 전 세계적으로 제품과 서비스를 수용할 수 있도록 해주는 '호환성 있는 하드웨어 및 소프트웨어'가 그것이다. 인도는 엄청난 다양성을 지닌 국가이다. 따라서 인도는 호환이 가능한 복합 시스템이 필요한 나라이고, 그런 필요에 근거해서 공급이 이뤄져야 하는 나라이다.

위에서 언급한 분류체계는 미션 선언문의 기초를 창안해 그것을 조직화하기 위한 목적으로 만들었다. 명확한 비전만 있으면 임무 수행은 얼마든지 가능하다. 비전은 되도록 간단한 방식으로 정의하는 것이 중요하다. 모디에게 미션 선언문은 명확한 목적지이다. 일단 목적지가 정해졌으니 그의 여정은 이미 시작된 것이나 다름없었다.

국민의 니즈를 찾아서

경제학이 인간의 재화 욕구를 충족시키기 위한 것이라면, 정치는 그 욕구의 정체성을 찾아내는 일에 몰두한다. 이 두 가지를 합해 정치경제학이라 부른다. 어느 한 지도자가 권좌에 오르게 될 경우, 그의 궁극적인 사명은 국민이 무엇을 원하는지를 파악하는 일이다. 통치 이데올로기에서부터 한 개인에 이르기까지, 실로 중요한 성공의 척도는 국민이 진정 원하는 것이 무엇인지를 파악하는 일이다. 굳이 이것을 마케팅의 원리라고 한다면, 그렇게 생각해도 무방하다. 만약 한 국가의 지도자가 국민이 무엇을 원하는지 모른 채 권좌를 차지하고 있다면, 그는 눈과 귀를 막은 한낱 대변인이나 같은 인물로 전락하고 말 것이다. 인도 정치사를 일별해 볼 때 그런 지도자들은 모두 망각 속으로 사라졌다.

깨어있는 미디어가 등장하면서 꼭두각시를 조종하던 인도 정치인들의 입지는 여지없이 무너지기 시작했다. 모디가 델리에서 인도국민당(BJP)[17]의 총서기로 있을 때, 그는 비교적 미디어를 편하게 다뤘다. 델리의 배후 권력자들과의 관계도 더없이 좋았다. 선거 캠페인을 디자인하고 집행하는 그의 능력 또한 탁월했다. 이런 특질들은 시각 미디어 시대에 매우 중요한 정치적 기반으로 작동한다.

일단 비전을 그리면, 그 다음은 비전을 미션 선언문의 내용에 맞춰 바르게 정렬시키는 작업이 따라야 했다. 모디가 비전 차트를 그리고 나자, 자연스럽게 그에 따른 미션 선언문이 결정됐다. 모디는 굳이 자기의 입장을 설명하기 위해 특별한 단어를 찾을 필요가 없었다. 그래픽으로 만들어진 예시들을 통해 더 쉽게 설명할 수 있었다. 국민의 니즈(needs)를 파악하기 위해 계층적 분석을 수행했다. 우선, 비전 그래프상 각 계층의 관점에서 직무상의 필요 사항들을 하나하나 정리했다.

비전 그래프를 다시 요약해 이를 적절한 임무와 연관시켜 보면, 그 그래프를 이해하는 데 큰 도움이 될 수 있다.

동기부여

여러 계층 가운데 첫 번째로 상위 계층인 부자 중의 부자들이 자신들의 지위를 계속 유지하려면, 국가 기획에 참여하고자 하는 그들에게 동기를 부여해야 한다. 이들 상위 계층이 정치체제를 계속 신뢰하면서 성장해 나간다면, 다른 계층의 사람들에게 영감과 희망을 불어넣어 줄 수 있다. 이는 매우 중요하다. 그러므로 동기부여는 이 계층에게 중요한 기능이라 할 수 있으며, 나아가 그것은 국가 성장에도 매우 필요하다.

기술력 향상

가난한 이들 가운데 부자들로 분류되는 사람들은 현실적으로 경제적 결핍 때문에 고통받고 있다. 그들은 기본적으로 일정 부분 교육을 받은 데다가 올바른 가치관도 지니고 있다. 그러나 그들이 성공적인 삶을 이루기 위해서는 거기에 맞는 경제적 수단이 적극적으로 뒷받침돼야 한다. 모디는 이 계층이 무엇을 필요로 하는지를 면밀하게 조사했다. 이 계층의 문제를 해결하는 방법은 직업기술을 연마시키는 일이었다. 교육이 효과적으로 작용하기 위해서는 적용방식이 예리해져야 한다. 이들의 경우, 기술 개발을 통해 개개인이 당당하게 수입을 얻을 수 있도록 도와줌으로써, 이 계층에 상응하는 적절한 생활을 보장받을 수 있다. 이 계층에 있는 사람들이 어떤 기술을 요구하는지 파악하는 과정에서 지리적 요건을 고려하는 일 또한 중요하다. 산림 지역에 사는 사람의 경우에는 해양학 기술을 습득하는 것이 유용하지 않다고 생각할 수 있기 때문이다. 마찬가지로, 도시의 산업 지역에 사는 사람은 등산을 배우는 게 쓸모없다고 생각할 수도 있다. 따라서 중요한 사실은 그들이 처한 위치에 맞는 적절한 기술을 전수하는 것이다.

 겉으로 보기에 매우 단순해 보이는 제안일지 모르나, 이 제안은 임무와 적용 문제에 들어가면 커다란 의미를 지니게 된다. 반 문맹 실업자에서부터 잘 고용된 개인 집단에 이르기까지 모든 계층에서 기술 훈련은 공을 들여야 할 주요한 사항임에게 틀림없다. 교사와 행정관, 경찰관, 그리고 총리실에 소속된 선출직 당원에 이르기까지 누구를 막론하고, 그들 모두는 그들에게 맞는 기술을 체득하기 위해 훈련을 거듭하고 있다. 이러한 노력의 결과는 시간이 지나고 나서 어느 정도 기술을 습득했느냐에 따라 객관적으로 평가될 것이다. 어쨌든, 기술이 곧 해답이라는 사실이 확인된 셈이다.

저렴한 에너지 공급

가난한 이들 중 가난한 사람들은 일상생활의 기본적 필수품조차 자족할 자원이 없다. 이 계층이 기술과 지혜를 가지고 있다고 기대하는 것은 심각한 오산이다. 그들은 하루하루 살아가기 위해서 최소한의 에너지가 필요한 사람들이다. 기본 교육과 건강을 위한 시설이 무엇보다도 절실하다. 당장 학교에 가려고 해도 에너지가 필요하다.

물, 음식, 전기 및 교통은 삶을 영위하는 데 주요한 에너지 필수품들이다. 구자라트 지역에 사는 많은 사람에게는 당장 마실 물이 가장 큰 문제였다. 그들은 물 한 양동이를 얻기 위해 몸부림치는 사람들이다. 그들 가운데 세탁과 요리를 할 수 있는 이들은 정말로 운이 좋은 사람들이다. 농업과 가축을 위한 물 공급 역시 또 하나의 국가적 문제였다. 사용자 측에서 볼 때, 적당한 가격으로 인간과 가축 모두를 먹여 살릴 수 있는 식량을 확보하는 것도 문제였다. 전기, 도로 및 교통수단은 가난한 사람들에게는 매우 중요한 현안들이었다. 그들에게 기본적인 생활 요건을 보장할 수 있는 돈과 지혜를 얻기 이전에 우선 당장 에너지 확보가 급선무였다. 그들을 위한 기술, 법률, 그리고 동기부여 요소들도 에너지 조달이 안 되면 무의미한 것이 될지도 모른다.

법치 엄수

부도덕하게 축적된 부는 인도가 발전하는 과정에서 심각한 위협요소로 작용했다. 이 심각한 질병을 치료하는 뾰족한 해결책은 무엇일까?

뭐니뭐니해도 '법이 올바로 집행돼야 한다'는 사실이다.

부패와 검은돈[18], 국고 남용, 부실대출, 불법 자금을 온갖 반사회적 활동에 사용하는 행위가 인도 전역에 만연했다. 이 모든 해악이 합치고 합쳐져서 국가 발전의 추진력을 해치고 있었다.

드디어, 모디에 의해 인도 내 반사회적 악행들을 척결하기 위한 법 집행이 벌어졌고 효과가 서서히 나타났다. 모디의 법치는 사람들의 일상생활에서도 영향을 미치기 시작했다.

나렌드라 모디는 가난한 이들 중 유독 더 가난한 사람들부터 시작해서 부자 중의 부자들에 이르기까지 잘 살고자 하는 열정을 불러일으키기 위해 계층마다 원하는 현안이 무엇인지 파악하고 나섰다. 정책의 세부적인 행동 계획이 이런 비전과 임무에 맞춰 마련됐다.

앞에서 보여준 이 통치 체제 배열의 네 개 중심축이 모두 위쪽으로 상승하며 적절하게 움직여 나갈 때, 정치 이론의 목적이 바람직한 방향을 타고 정당성을 확보하게 된다. 구자라트주의 거버넌스 패턴이 이제는 인도 전역으로 확대되기 시작했다. 검은돈에 반대하는 운동, 농촌 및 도시 빈민층에 대한 LPG 시설 확충, 직업기술 기반의 자영업 프로그램, 그리고 동기부여 중심의 경제정책은 새로운 네 가지 계층 분류법의 정당성을 입증하는 동시에 인도의 패러다임을 전반적으로 바꿔 나가고 있다.

장작불, 어찌할 것인가?

정책 실현의 방향에는 두 가지 구성 요소가 있다. 정책 수립과 실행이 그것이다.

경제 재건을 위한 국가정책을 수립하기 위해 정부 부처 안팎의 공무원들이 미션 선언문을 활발히 실행에 옮기고 있었다. 이미 분류된 각 계층을 놓고, 계층별 사람들의 정확한 요구 조건을 파악하기 위해 지리적 환경조사도 병행됐다. 구자라트주는 8개의 농업기후 지역으로 나뉘어져 있다. 관련 공무원들은 각 지역에서 취합한 정보와 관련 요소들을 기초로 해 지역별로 필요한 아이템들을 조사했다.

연료 에너지의 수요와 공급은 인도 산림조사 기관의 통계자료에 따라서 예측치가 산출됐다. 총 연료 에너지 수요는 1239.7만 톤인 데 반해, 실제로 공급 가능한 량은 단 2.3만 톤으로 전체 수요의 0.18%에 불과했다.

빈곤계층에서 얻을 수 있는 기본 연료는 나무였다. 그러다 보니, 산림자원을 늘릴 수밖에 없었다. 하지만 그들의 기본적인 연료 수요를 충당하기 위한 산림자원의 개발에는 한계가 있을 수밖에 없었다. 그래서 찾아낸 유일한 옵션이 적절한 대체에너지원을 발굴해 공급하는 것이었다. 가계 부문의 에너지 수요와 공급 격차는 주 전역으로 확산되고 있어 실로 심각한 문제였다. 이는 구자라트주 정부 앞에 놓인 거대한 해결 과제였다. 액화 석유 가스인 LPG 형태의 조리용 가스공급 시스템은 주로 주요 도시들에 몰려 있었기 때문에 대규모 농촌 인구들은 이 서비스를 이용할 수 없었다. 따라서 정부의 석유 정책 실행에서, 우선 빈곤층의 사정을 먼저 살피고 가능한 시너지 효과를 낼 수 있는 방향을 모색하는 작업이 매우 중요하다. 중앙정부가 빈번하게 에너지 가격을 인상하게 되면 경제가 사람을 섬기는 건지, 아니면 사람이 경제를 섬기는 건지 불분명해질 때가 있다.

최근 빈곤층 사람들에게 LPG 요리 가스를 연결하는 정책이 실행되면서 구자라트주가 실시한 농업기후 조사가 매우 유용하게 활용됐다. 덕분에, 그동안 장작에 의존하던 그들의 요리법이 가스로 대체되면서 수백만 명의 사람들이 위험한 연기로부터 안전할 수 있게 됐다. 구자라트주는 첫 단계로 5천만 개의 주거용 가스관 연결을 목표로 삼고 있다. 2019년까지 가난한 인도 가정의 90%를 이 계획에 포함시켰다. '포용적 발전'을 향한 큰 진전이 아닐 수 없었다.

정책 수립 과정에서 빈곤층을 배려하는 것은 필수적이다. 어떻게 하면 그들의 에너지 수요를 충족시킬 수 있을지는 공무원들이 항상 유념해야 할 고민거리다. 그들을 포함해 국민 모두가 활기에 넘쳐 기술과 돈, 그리고 지혜를 구할 수 있게 되면 국가 경제 발전에 기여할 수 있다. 나아가 에너지 부문을 민영화할 때에도, 국민의 요구를 주요 핵심 정책으로 유지하는 것이 매우 중요하다.

에너지 경제학

에너지 경제학은 현 밀레니엄 시대에 글로벌 경제를 견인할 경제학의 한 주요 분야로 부상하고 있다. 에너지 경제학의 중요한 성공 지표는 $S=I/C$ 방정식에 크게 좌우된다. 가난한 이들 중 가장 가난한 사람들은 이렇다 할 희망 없이 살면서 생존 자체와 필수품 비용을 조달하느라 평생을 보낸다. 힘들게 번 수입으로 기본적인 에너지 수요마저 충족시킬 수 없을 때, 하나의 명백한 질문이 생기게 된다.

루피의 구매력이 약화되고 있는 것인가, 아니면 필수품 가격이 투기 세력의 농단에 의해 상승하고 있는 것인가? 극빈층의 구매력이 기본적인 에너지 수요를 충족시키는 날이 오면, 국가는 진정으로 선진국 대열로 발돋움할 것이다. 그런 방향으로 나아가는 데 필요한 조치들은 모디의 비전, 임무 그리고 행동 노선을 통해 이미 이뤄졌다. 그는 농업생산의 증가와 더불어 대체가능하고 가성비 좋은 에너지 발전량을 늘리기 위해 끊임없는 노력을 기울여 왔다. 이러한 노력의 과정은 인도의 에너지 효율성 지수를 크게 변화시킬 것이다.

S=I/C 공식은 현재 우리가 살아가고 있는 밀레니엄의 경제성장 과정을 주도할 방정식이다. 우리는 이를 지켜보며 믿어야 한다.

S=I/C는 개인의 경제력을 나타내는 지표이지만, 동시에 개선 과정을 올바른 방향으로 설정할 수 있는 시스템이 필요하다는 사실을 보여준다. 그것은 개인 차원에선 미시적이어야 하고, 국가 차원에선 거시적이어야 한다. 앞에서 논의한 통치 체제의 배열은 문제의 본질을 밝혀내며, 분명한 용어로 해결책을 제시하고 있다.

$$\text{경제력(S)} = \frac{\text{1인당 소득 (I)}}{\text{1인당 에너지 비용 (G)}} \qquad S = \frac{I}{G}$$

경제력이 강할수록 국가 발전의 전망은 더 좋아지게 마련이다. 선진국들과 비교할 때, 인도의 현재 경제력은 아주 미약한 상태이다. 이런 불균형의 주된 원인은 특히 인도의 화폐 루피가 약세인 상황에서 기본 에너지 가격을 감당할 수 없다는 데 있다.

인도와 같이 큰 나라에서 많은 주 정부와 정치 후계자들이 문제를 바로 잡는다는 것은 정말로 크나큰 과제가 아닐 수 없다. 우리는 14억 인구의 수요를 측정하고 평균 소득의 20퍼센트를 초과하지 않는 선에서 적절한 에너지를 공급해야 하는 처지에 놓여 있다.

앞에서 언급했듯이, 외부와의 교류에 크게 의존하지 않는 몇몇 선진국을 제외하고 다수 국가의 사람들은 경제적 진로를 측정하는 적절한 도구가 필요하다. 심지어 선진국들도 그들의 경제 모멘텀을 유지하기 위해 자국의 경제력을 계속 측정해야 한다. 이러한 지표 없이는 경제가 정확히 목적하는 지점에 도달하는지 알 길이 없다. 그 결과, 때로는 좋은 의도로 준비된 정책이 충분히 알려지지도 않고 해결되지도 않은 채 이리저리 튕겨 돌아다니기도 한다. 세계화가 바로 대표적인 사례이다.

문제의 핵심은 분명하다. 세계화는 사회라는 두 번째 바퀴 없이 달리려 했다. 세계화 버스를 탄 첫 집단은 다국적 기업들과 그들 기업의 이해가 얽혀있는 여러 국가들이었다. 그들은 세계화라는 이름이 나타나기 전부터 이미 존재하던 이해관계 집단이었고, 세계화의 방향도 그들이 주도해 결정한 것이다.

비록 모든 게 순조로운 방향으로 나아가는 것처럼 보였지만, 실제로 정작 사회의 도움이 필요했던 대상들은 갈 길을 찾지 못하고 이리저리 방황하다 세계화라는 버스에 올라탈 기회조차 없었다. 그럴 수밖에 없었다. 미리 알고 준비한 사람들만 버스를 탄 셈이다. 나머지는 그 버스를 놓치고 만 것이다. 사실 그것은 누구의 잘못도 아니었다. 모든 경제 이론이 그렇듯, 세계화라는 말이 아주 느리게 퍼진 탓이었다. 기회를 놓친 사람들에게는 준비할 시간이 필요하다. 세계화는 알게 모르게 서서히 퍼진 탓에 막 시작되는 초기 단계에서 다른 방향으로 흐르기도 했다. 다국적 기업, 주식 거래소, 상품 거래소, 국제 금융기관들을 중심으로 세계화는 흘러간 것이었다. 그들로부터 출발한 세계화는 다양한 계층의 사람들과는 무관했다. 결국 케이크 없이 아이싱만 떠간 셈이었다. 그러니 녹아 내릴 것은 불문가지였다.

풀뿌리 정치인

한 번은 모디와 에너지와 관련해 중대한 사안을 논의하던 중, 그가 말로 표현하기 어려운 속내의 답변을 내놓을 것 같았다. 그는 한동안 명상하는 자세를 취하기도 했다. 그만큼 그에게 물, 연료, 식품, 그리고 전기와 같은 (풀뿌리 바닥 계층의) 생필품들은 지대한 관심사였다.

모디는 풀뿌리 정치인이다. 그는 정치가로 입문하던 시절에 농촌지역의 가난한 사람들이 사는 동네 사이의 모래밭을 헤집고 다니며 고생을 했다. 당시 그는 언젠가 꿈을 이루는 멋진 날, 그가 통치하게 될 인구의 50퍼센트인 빈민층이 과연 무엇을 절실하게 원하고 있는지를 이해하는 소중한 기회를 가졌다. 그가 구자라트주 총리 지위에 오른 후, 가장 먼저 생각한 것은 국민의 기본 욕구를 만족시켜 그들이 세계 경제 시스템 안에서 자신의 삶을 만족할 수 있는 수준까지 구매력을 끌어올리는 것이었다.

풀뿌리 정치인에서 총리에 당선되기까지 모디는 수많은 정적과 대면하기도 하고, 전략적인 선거운동을 펼치면서 많은 선거에서 승리를 거두기도 했다. 모두 정치인으로서 어려운 과정이었다. 그러나 집권 후, 당시 지배적인 세계질서에 따라 자국 이익에 충실하는 한편, 국민 복지를 각별히 살피는 부드러운 정치 여정을 시작했다. 그는 통합 에너지 정책 수립을 위한 비전과 사명을 계속 다듬어 나갔다. 그는 통합 에너지 정책이 이번 밀레니엄의 가장 중요한 현안이라고 생각했다.

정부의 역사와 정치의 역사에서 볼 때, 대부분 지도자들은 그들의 권력을 유지하는 데 모든 에너지를 쏟았다. 이때, 모디는 이미 전 인류를 염두에 둔 정치에 초점을 맞추며 나름의 자취를 남기고 있었다. 모디는 에너지난 해결이라는 지구촌 전체의 핵심 이슈를 통해, 전 세계 지도자들 가운데에서도 특별히 눈에 띠는 지도자로 성장했다. 어쩌면 가난한 이들 중 부자와 같은 지도자일 것이다. '국민을 위한' 지도자!

S=I/C는 각 개인의 재무 건전성을 측정하고 그들이 개선을 위해 적절한 수정을 할 수 있는 도구를 제공하기 위해 개발됐다. 개별 데이터는 마을, 블록, 지역, 주, 그리고 국가 차원에서 클러스터를 구축한다. 각 클러스터는 자체 경제력을 나타내며, 관리 시스템을 보다 정확하게 이끌 수 있도록 지원한다. 이 책의 후반부에서 S=I/C 방정식은 실제 어떤 영향을 미쳤는지 이해시켜 주는 흥미로운 데이터를 만나게 된다.

우리의 목적은 독자들이 통치 과정에 더 가까이 다가갈 수 있도록 하는 데 있다. 공공 시스템을 공부하는 학생들과 실무자들에게 유용할 것이다. 이 책은 국민을 위한 대의명분에 따른 행동이 어떤 영향을 미치게 되는지에 관한 통합된 사례 연구를 제공해 주기 때문이다.

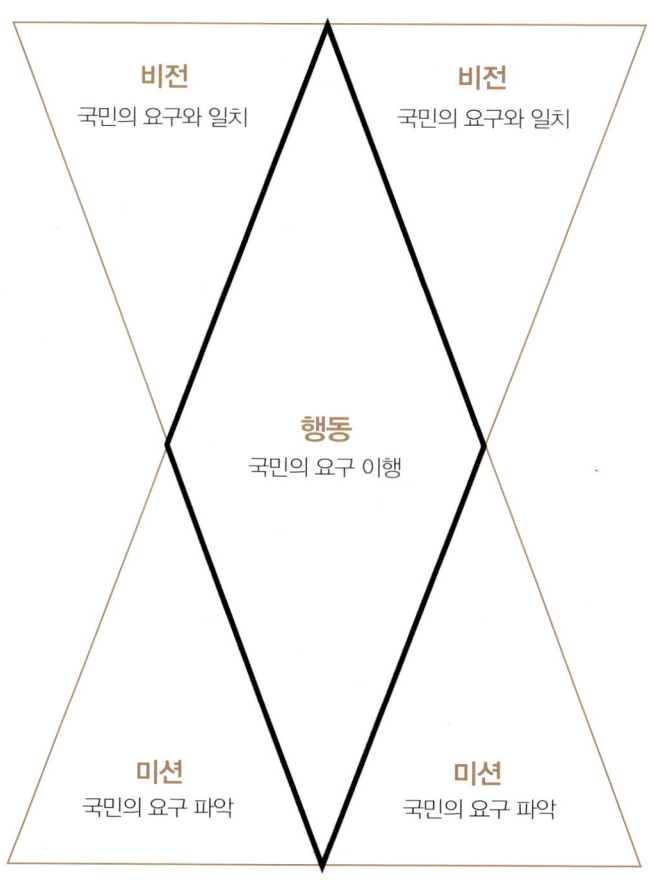

통치 활동 모델 / Governing Activity Model (GAM)

05

표현의 자유

05

표현의 자유

　표현의 자유는 세계 최대의 민주주의 국가인 인도의 헌법 체계를 끌고 가는 데 반드시 필요한 조항이다. 나는 이 자유를 신성하다고 말하고 싶다. 다른 모든 기본적인 인권들과 마찬가지로, 표현의 자유에도 물론 제한이 있어야 한다는 상반된 주장이 있다. 그러나 '표현의 권리'가 인쇄 또는 전자의 대중매체의 차원으로 올라가면 이야기들은 왜곡될 가능성에 노출되곤 한다. 진실이 왜곡돼 국가 이익에 반하는 잘못된 방향으로 흘러간다면, 인도의 법은 이를 엄중하게 다뤄야 마땅하다. 자유의 기준은 법과 법률 시스템이 얼마나 효율적으로 작동하는가에 따라 크게 좌우된다.

　모디가 다른 진정한 지도자들과 마찬가지로, 표현의 자유와 관해서 비교적 관대하다는 사실은 이미 입증됐다. 그는 비판이 가해진다 해서 거기에 맞서며 시간을 허비하지 않는다. 아주 심각한 공격을 받았을 때에도 그는 침묵을 택했다. 국가의 이익에 반하는 캠페인이 펼쳐져 그의 정책을 방해하던 때였다. 때때로, 언론은 이권에 매몰돼 무엇이 적대적인 반국가 음모인지 가려내는 분별력을 잃기도 한다. 본의 아니게, 언론은 표현의 자유 이면에서 오로지 국가에 피해를 주려는 특정 기득권층에 이용당하는 나팔수로 전락하기도 한다.

재정적자의 왜곡 사례

2001년 모디가 총리로 취임했을 당시, 구자라트주는 약 500조 루피(2023년 기준 약 6조 달러)의 누적 재정적자가 있었다. 그를 비판하는 언론들은 나렌드라 모디 정부가 마치 하룻밤에 500조 루피를 쓴 것으로 호도해 칼럼을 내보냈다. 보통, 이런 어리석은 선동은 큰 관심을 끌지 못한다. 그러나 이런 기사가 계속 지방 매체들을 통해 퍼져나가고, 주요 매체들까지 왜곡된 이미지로 실어 나르다 보면 경우가 달라진다. 구자라트주의 경제가 마치 큰 위기에 빠져있는 듯한 오해를 불러일으켜 결국 구자라트주에 큰 피해를 가져다 줄 것이 불 보듯 뻔하다. 인도의 모든 주들이 앞다투어 투자를 유치하고 자금을 적절히 사용하는 건전한 경쟁을 벌이고 있을 때, 이런 왜곡된 가짜 뉴스는 마치 한 주가 다른 주들을 제치고 독점하고 있는 것처럼 호도하게 되고, 이를 불공정한 행위로 매도함으로써 주의 명예를 훼손하고 손상시킨다.

아메다바드시의 저명한 공인회계사인 아말 드루(Amal Dhru)에 따르면, 현재 구자라트주의 재정적자가 약 500조 루피에 달한다. 이는 지난 40년간에 걸쳐 5천만 인구를 대상으로 1인당 1만 루피를 투자한 것에 맞먹는 금액이다. 투자가 반드시 당장의 수익률만 따져야 하는 것은 아니다. 이런 투자의 본질적인 가치는 숨겨진 채 남아 있다. 다음 20년 동안 어떤 잠재적 효과가 나올지를 고려하면, 이는 어떤 기준으로 보더라도 좋은 투자라 할 수 있다. 모디도 이제까지의 투자가 좋은 결과를 만들어 냈다는 사실을 인정했다. 따라서 40년간에 걸친 구자라트주의 투자를 단 한 사람의 총리가 만든 창조물로 이야기를 꾸며내는 것은 정신분열에 가까운 말이다. 더구나, 이를 아무런 생각없이 밖에다 떠들어대는 언론은 또 다른 재앙을 불러올 수 있다. 모디는 이에 대해 직접적인 반응을 보이지 않았다. 다분히 진보성향의 자유주의적 대응이었다. 굳이 사실을 바로 잡으려 한다면, 그리 어려운 일이 아닐 수도 있다. 주 정부가 관련 범인을 입건하고 손해배상을 받아내기 위해 소송을 시작하면 그만이었다. 하지만 그는 자신의 평소 소신대로, 구자라트 주민들이 자신에게 던지고 있던 신뢰에 더 기대고 있었다. 그는 언론의 적대감을 무시하는 것이 차라리 현명하다고 생각했다. 그는 한두 가지의 가짜 뉴스가 구자라트주의 확고한 경제 기반을 흔들어 대지는 못할 것이라고 믿었기 때문이다.

자산과 부채비율을 건전하게 유지하면, 결국 경제가 앞으로 나아가는 데 도움이 된다. 우리는 처음에 손익 계산서의 결손금을 보고 이를 적신호로 받아들여 호들갑을 떠는 경향이 있다. 그러나 국가의 통합 자산 가치와 거기에 잠재된 구매력을 고려하면, 제법 낙관적으로 볼 수 있는 균형 잡힌 성적표를 확인할 수 있다. 미국과 일본이 대표적인 사례라 할 수 있다. 결손금 측면에서만 보면, 그 나라 국민의 경제적 안정성과 효과는 분명히 떨어져야 한다. 그러나 개발 프로그램이 매우 정상적인 궤도에 올라 돌아가면 재정적자가 유발될 수밖에 없다는 견해가 있다. 이런 점을 고려해 볼 때, 모디가 언론의 명백한 가짜 뉴스를 무시하는 대신 정책에 매진하며 재정적자를 통제했다는 사실은 결코 예사롭게 넘길 일이 아니다.

돈맥경화의 흐름에 경종

언론의 불순한 선동은 구자라트주의 경제에 악영향을 미쳤다. 구자라트주에 기반을 둔 비즈니스의 수요와 공급 측면을 들여다보면, 상당한 수준의 높은 신뢰도가 자리하고 있음을 알 수 있다. 하지만 과장된 보도를 일삼는 적대적 언론들이 신뢰의 다리를 뒤흔들어 놓았다. 구자라트주의 사업체들은 심각한 고통을 겪지 않을 수 없었다. 그만큼 금융 지원 시스템의 연결고리가 약했다는 사실도 드러났다.

한쪽에서 은행들은 막대한 재정을 광고에 쏟아붓고 있었다. 은행들은 돈을 빌려 쓸 사람들을 찾고 있었다. 그런가 하면 다른 한쪽에서는, 대출 담당 은행원들이 은행 문턱에 서 있는 실수요 고객들을 거절하느라 마치 밀실 공포증이라도 걸린 표정을 하고 있었다. 광고에서 선전한 대출 공고가 실제 대출에서는 실종되고 없었다. 이는 실수요 고객들에게 필요한 돈이 부패한 음지의 경로를 통해 악당들에게 흘러 들어가고 있었다는 사실을 드러낸다. 사기꾼들은 흥하고 성실한 사람들은 망하는 어처구니없는 상황이 연출되고 있었다. 일부 언론들은 구자라트주의 이익에 반하는 자들과 놀아났다. 지금도 구자라트주에서와 거의 같은 상황이 국가 차원의 금융 시스템에 만연해 있다. 모디의 신정부는 은행 계좌도 없는 몇 백만 가구의 문맹 극빈자들에게 직접 현금을 지원하기 위해 노력해 왔다. 그러나 다가오는 시대에 은행들이 과연 인도 경제에 제대로 된 지원을 할 수 있을지는 좀 더 두고 봐야 할 일이다.

세계 경제 시나리오를 가만히 들여다보면, 조직이 특별히 잘 된 영역에서 기업의 고용 창출이 거의 일정한 속도로 늘어나고 있음을 알 수 있다. 자영업, 혁신기업, 그리고 창의적인 벤처 사업은 취업 기회의 격차를 메울 수 있는 뚜렷한 성장의 업역이다. 이런 비전 아래서, 계약과 기술을 통해 유망한 '스타트 업'에 필요한 지원을 늘리기 위한 새로운 계획안이 수립됐다. 이제 금리는 분야별 인센티브제에 따라 합리적으로 운영됐고, 여성들에게는 기업가정신이 장려됐다. 덕분에, 창업지원이 촉진됐고 희망은 가시적인 현실로 변하기 시작했다.

모디는 단지 기업의 CEO처럼 행동하지 않았다. 그에게는 그럴 만한 이유가 있었다. 그는 기업인 마스크를 쓰지 않고 주민들과 직접 소통하고 나섰다. 국영기업들은 사업가들에게 필요한 거시경제의 면면에 관심이 없었다. 은행들은 주 정부가 관리하지 않고 있었기 때문이다. 각 지역의 은행원들은 자신의 생존본능에만 몰두해 있었다. 혹시라도 자신의 퇴직금 혜택이 없어질까 우려한 나머지 입을 다물고 있었다. 협동조합의 방식으로 운영된 은행들은 모두 링에서 떨어져 나갔다. 시도 때도 없이 불법으로 금전을 유용한 때문이었다.

또다시, 누구나 쉽게 접할 수 있는 언론의 타깃은 모디가 되고 말았다. 비록 주 정부가 은행 시스템에 아무런 관여를 하지 않았다 해도, 언론은 망해버린 협동조합 은행들로부터 손해를 입은 소액 예금자들에게 모디 정부가 책임을 져야한다고 주장하고 나섰다. 모디 총리는 지도자로서 자신에게 더 큰 책임이 있음을 상기시켰다. 그는 절대로 피하지 않았다. 곧바로 당 동료들과 상의하면서 손해를 입은 예금자들을 위한 대안을 찾기에 바빴다.

  네 개의 계층 분류 이론에 근거해 볼 때, 작은 투자자의 돈을 빼앗는 사람들이 '부자들 중 가난한 이들'이라 판단한 모디는 곧바로 이들과 맞서 싸웠다. 그는 은행거래 규정을 근거로 해 엄중한 시정 조치를 명령했다. 그는 관련된 범죄자를 색출해 그들을 용서하지 않았다. 이런 조치는 정치적 파벌에 의한 것이 아니었기 때문에 열렬한 대중적 지지를 받았다. 그의 당원들 가운데 일부도 검거됐다. 큰손들이 겁을 먹기 시작했다. 협동조합 은행 경영진은 입단속을 하며 내부를 다지느라 무진 애를 썼다. 곧바로 책임 소재가 가려졌다.

  언론의 공격이 뜸해졌다. 하지만 이미 피해는 발생하고 난 후였다. 모디도 더 이상의 손실을 막을 수 없었다. 이런 상황의 근본 원인은 주 경제의 이익에 반해 체계적으로 쌓여 왔던 불신 요소들 때문이었다. 현지 언론들은 저변에 흐르는 변화의 기류를 파악하지 못하고 깊은 수렁에 빠져들었다. 주 정부도 언론의 무책임에 의문을 제기할 수 없었다. 결국, 표현의 자유가 악용된 탓이었다.

  지금은 모디가 리더로서 확고히 자리를 잡았고, '질이 좋지않은 부자' 계층은 드디어 시대가 변해 자신들에게 영원히 유리하지 않게 됐다는 사실을 깨닫기 시작했다.

포용의 임계점

다행히도, 구자라트주의 경제는 주기적으로 반복되는 언론의 반정부 선동을 잘 이겨내고 있었다.. 모디는 구자라트주의 경제환경을 잘 파악하고 있었고, 경제의 본질적 가치를 누구보다 잘 이해하고 있었다. 뿐만 아니라, 그는 앞으로 구자라트주에 지속 가능한 투자가 증대돼야 할 필요가 있음을 실감했다.

모디는 거짓 선동을 무마시키고 비즈니스 환경을 활성화하기 위해 2003년, '활기찬 구자라트 국제 투자자 정상회의(Vibrant Gujarat Global Investors' Summit)'를 개최하고 직접 마케팅에 나섰다. 현재와 미래의 투자자들이 아메다바드(Ahmedabad)의 팔디 지역에 있는 타고르 기념관과 그리고 바로 맞은 편에 있는 국립 디자인 연구소에 모여들었다. 회의가 소집된 장소들은 매우 아름다운 건축미를 자랑하고 있었다. 주 정부가 나서 주도적으로 계획한 이 모임은 어느 국제 비즈니스 회의 못지않았다.

투자자들의 참여 분위기는 사뭇 진지했다. 인도 각지와 해외에서 온 참가자들이 자신의 비즈니스 계획을 열심히 설명했다. 모디는 자기와 직접 관련이 있는 세션에 모두 참석했다. 같은 시간대의 다른 세션은 해당 부서의 각료들이 대신 참석했다. 모든 각료들이 세션을 통해 열정적으로 배우려 했다. 모디는 구자라트 주민들의 현재와 미래 세대를 위해 어떤 투자 분위기를 만들어야 하는지에 관한 자신의 비전을 자세히 설명했다. 네 개의 계층 분류 이론에 따라, 모디는 '부자 중의 부자' 계층에게는 동기부여를, '가난한 이들 중 부자'에게는 기술 개발을, '가난한 이들 중 가난한 사람들'에게는 가장 기초적인 시설 지원을, 그리고 '부자 중 가난한 이들'에게는 교정의 기회를 제공하는 식의 전반적인 동기부여에 심혈을 기울였다. 다시 말해, 총리로서 그는 고용의 기회를 더 많이 창출하고 주민들의 경제적 자립을 도모하기 위한 길을 열었다.

하지만 또다시, 지역 현지 언론들은 사실을 왜곡하고 나섰다. 2003년 '제1회 활기찬 구자라트 글로벌 투자자 정상회의' 이후 투자자들이 관심을 표명한 프로젝트 투자 컨소시엄을 오판해 보도한 것이었다. 다시 말해, 언론들은 마치 모디 정부가 6,500억 루피의 60일 신용거래를 설정해, 투자자들에게 청구서를 보내고 일부 언론사를 추심하도록 지정한 것처럼 오보했다. 결국, 오랜 시간을 들여 투자하기로 마음먹은 투자자들이 투자계획을 집행하는 데까지는 상당한 시간이 걸려야 했다. 구자라트주 정부가 마치 채권을 회수하지 못한 것처럼 일을 꾸미며 관심 있는 투자자들에게 잘못된 신호를 보낸 '용렬한 언론 자유의 표현'이었다. 하지만 모디는 이를 관대하게 대했다. 구자라트주는 잘못된 정보를 퍼뜨리는 언론사들을 고소할 수도 있었다. 보통 법을 준수한다는 그 어떤 주나 국가도 경제 활동을 그렇게 방해하는 적대 행위를 용인하지 않을 것이다. 반국가적이고 반경쟁적이며, 나아가 허위 보도를 일삼는 그런 언론들을 말이다.

우리 사회에서 관용은 정신 활동의 규범상 하나의 미덕으로 여겨진다. 하지만 그것도 나름의 한계가 있다는 점을 알아야 한다. 사회는 대체적으로 언제나 관용을 받는 쪽 편을 들 게 마련이다. 어찌 된 영문인지, 우리 사회는 올바름에 대한 관용은 줄어들고 있는 반면, 부당함에 대한 관용은 증가하고 있다.

최근 들어, 우리 사회에서는 '무관용'이라는 단어에 대해 양극화된 논쟁이 거품처럼 일고 있다. 본질적으로, 관용과 편협함은 맥락에 따라 그 의미가 달라질 수 있어 전체를 일반화해서 이야기할 수는 없는 일이다. 일부 반체제 단체는 14억 명의 인구를 가진 나라에서 언제라도 일어날 가능성이 있는 일부의 사건을 두고, 마치 전체 인도 사회가 관대하지 않은 사회인 것처럼 매도하려고 시도했다. 모디는 공직 생활에서의 폭넓은 경험을 통해, 무엇을 용인하고 무엇을 용인하지 말아야 하는지 확실히 잘 알고 있다. 소아병적인 동기에서 유발되는 대수롭지 않은 사건들을 정치화하려는 시도들을 국민은 용납하지 않는다. 오늘날 사람들 사이에 정서적으로 서로 연결된 통념에 비춰 볼 때, 건전한 사회구조를 유지 하려면 정치가 건강하게 성장해야 한다. '다양성의 통합'은 언제나 약점을 극복해 온 놀라운 강점으로 작동해 왔기 때문이다.

언론의 도발에 강·온(強·穩) 대응

　표현의 자유는 기본권이 남용될 때 신성함을 잃는다. 한 매체가 폭동 분석 가운데 관련 사례를 설명하기 위해 채택한 '도발 패턴에 대한 연대별 연구'를 살펴보면 흥미로운 결과를 얻을 수 있다.

　인도의 한 저명한 잡지는 2002년 2월 고드라(Godhra)에서 승객들을 불태운 사건이 벌어지기 일주일 전, 일부 지하세계 마피아 조직을 미화하는 사례 연구를 보도한 바 있다. 반대로, 상반된 기사에는 콜카타의 미국 영사관 앞에서 정체불명의 젊은이들이 파키스탄 국기를 불태우는 사진이 실려 있었다. 그러나 이상하게도 해당 사진은 사실을 확인하는 출처나 인증이 없었다. 순수한 사진 저널리즘이었다면 장소와 인물에 대한 인증이 빠져 있겠거니 생각할 수 있을 것이다. 설사 복수의 카메라 영상이었다고 해도, 관련 데이터에 대한 언급조차 없다는 것은 문제가 아닐 수 없었다. 결국, 이 기사의 의도는 불법 잠입을 통해 인도에 들어온 특정 지역의 사람들을 자극하려는 데 있었던 것이 분명했다. 사진과 그 사진을 찍은 동기, 그리고 그 사진의 적용은 기차의 승객들을 불태우기 위해 준비하고 있던 범죄자들의 마음을 충분히 자극했을 요소들이었다.

　최근에 벌어진 리비아 주재 미국 대사관 공격도 이슬람에 관한 한 단편 영화 때문에 야기된 도발의 여파이다. 당시 힐러리 클린턴 미 국무장관도 세계의 위대한 종교들이 그러한 도발로 인해 모욕을 당하기에는 너무 강하다는 성명을 발표해야 했다.

승객 방화 살해 사건을 조사하기 위해 임명된 사법위원회는 각각의 기록물을 연구함으로써 언론의 역할을 판단하는 일을 맡았다. 최근, 나나바티(Nanavati) 위원회는 상황을 한눈에 볼 수 있는 연구 결과를 발표했다.

헌법의 민주적 기능에서 볼 때, 이러한 언론의 행태는 훨씬 더 광범위한 문제를 제기한다. 만일, 언론의 표현에 진실성이 부족하다면, 어떤 대책이 필요한가? 또한, 어떤 언론이 고의적으로 국가 이익을 훼손하려 들 경우, 거기에 적용되는 헌법 규정은 무엇인가? 변화하는 흐름에 맞춰 관련 법규를 개정할 필요는 있지 않은가?

인쇄 및 텔레비전 매체는 사회 전반에 큰 영향을 미친다. 그 매체들은 일정 부분 사회적 행동 양식까지 형성시키는가 하면, 좋은 변화를 촉진할 수도 있다. 인쇄 및 텔레비전 매체가 국익을 위해 전문직업의 윤리를 준수한다면, 사회 건강이 양호해지고 범죄 발생률도 통제된다는 사실이 신뢰할 만한 데이터에 의해 최근 입증된 바 있다.

모디는 대중들 사이에서는 인기가 있었을 때조차도 언론의 비방과 중상 행위의 손쉬운 표적이었다. 그는 자신의 정치적 입지가 상승하는 과정에서 온갖 기득권층의 격렬한 반대에 직면해야 했다. 일부 언론은 '비방과 중상'을 아예 자기들의 몫으로 치부하기도 했다. 국가의 피해를 막기 위해 모디는 직접적인 의사소통을 선택했다. 그는 국익에 대한 보상을 위해 법정에서 싸우지 않았다. 일부 비평가들은 그러한 선택을 실수라 치부했고, 다른 사람들은 그것을 '정치적 통찰력'이라고 불렀다.

모디는 광범위한 독서를 통해 명예훼손 형태를 체계적으로 연구했다. 그는 열린 마음으로 비방의 패턴도 유심히 관찰했다. 그 결과, 그가 취했던 대응 조치는 언론 경영진과 자연스럽게 대화를 나누는 식의 전략적인 의사소통 방식이었다.

2014년 의회 선거에서 모디는 모든 부정적인 선전선동을 신속히 자신의 이익에 부합하도록 전환해 나가며, 급기야 그가 속한 정당이 절대 다수 의석을 확보하는 데 성공했다.

당시 그가 가장 우선시했던 의제는 '구자라트주'였다. 그는 6천만 구자라트인들의 기본적인 어려움을 제거하겠다는 자신의 비전을 달성하기 위해서, 무엇보다도 언론 관리의 필요성을 절실히 느꼈다. 그는 선택적이고 효과적인 방식으로 모습을 드러냈다. 그는 가장 포괄적인 취재에서 쏟아지는 질문에 효율적으로 답할 수 있는 능력을 키웠다. 그는 현대의 가장 영향력 있는 사상가 중 한 명인 앨빈 토플러(Alvin Toffler)와 대담하는 것도 마다하지 않았다. 그는 상대방의 사고방식에 빠르게 맞춰줬다. 웅변가에서 훌륭한 청취자로, 그리고 자신의 의사를 잘 전달하는 정치가로 이어지는 그의 여정은 곧 그의 강점으로 떠올랐다.

그는 표현의 자유를 국민 이익을 위한 일련의 정치 행동으로 바꿔 놓았다. 그리하여 2014년 인도 의회 선거에서 그것을 거대한 정치적 물결로 전환했고, 급기야 인도를 정치개혁의 장으로 이끌었다.

이어, 그는 '내 마음을 털어놓을 거야!'라는 뜻을 지닌 라디오 프로그램 '만 키 바트(Man ki Baat)'를 통해 대중과의 직통 채널을 만들어 상업적 이해에 골몰하던 매체들에 대한 의존도를 낮췄다.

06

국가 공동체 관리의 진일보(進一步)

06

국가 공동체 관리의 진일보(進一步)

히라바(Hiraba)는 나렌드라 모디의 모친이다. 98세의 나이에도 그녀의 신념은 아들 못지않다. 그녀는 아들이 가슴에 품고 있는 국가와 국민에 대한 약속을 조금도 의심하지 않는다. 사실, 그녀는 2002년, 나의 어머니에게 모디가 언젠가는 인도의 총리가 될 것이라고 말한 적이 있다. 그녀는 "저의 다섯 명 아들 중에서 그 애는 아르주나(Arjuna)[19]입니다"라고 자랑한 바 있다. 그녀는 대부분의 인생을 고향인 바드나가르(Vadnagar)에서 살았던 것에 매우 흡족해 했다.

모디는 고향과의 유대를 각별하게 잘 유지해 왔다. 인도 북부 구자라트주에 자리하고 있는 이 마을에는 오래된 문화유산들이 많이 있다. 마을 사람들은 다재다능하게 살고 있는 것으로 이미 널리 알려져 있다. 그들은 필요하다고 판단되면, 주저하지 않고 서로 책임감을 바꿔 가며 꿋꿋하게 살아왔다.

역사적으로, 이곳 마을 사람들은 바드나가르의 문화유산을 지키기 위해, 외부의 침략과 공격에 용감히 맞서 싸워왔다. 위대한 기념물의 신전인 키르티 토란(Kirti Toran)[20]은 주민들이 잘 보호하고자 노력한 덕분에 지금까지 우뚝 서 있다. 주민들은 왕실의 군인이 아니었다. 그들은 군인과는 전혀 다른 민간인 신분이었다. 그들은 전사와 민간인의 자질을 이상적으로 결합해 예술과 문화에 관심을 기울이며 소중히 키워왔다.

오늘날처럼 내부에서 사람들이 서로 부딪치며 혼란을 겪고 있는 시기에는 국경 내의 문명을 보호하는 일이 국경을 보호하는 것만큼이나 중요하다. 국민과 국가의 관계는 주어진 환경에서 민초들이 국가를 위해 얼마나 싸울 준비가 돼 있는가를 가늠하는 척도에 따라 측정된다. 훌륭한 통치는 문화를 기반으로 한 민족주의의 주요한 촉매제로 작동하기 마련이다. 이는 일반 대중의 신뢰를 얻는 데에도 큰 도움이 된다. 그의 이런 정치 감각은 그가 계속해서 선거에 승리했던 주요인이기도 했다. 비록 아직은 가야 할 길이 멀기는 하지만, 여러 지표들로 보아 전망은 매우 밝다고 할 수 있다.

해서는 안 될 말을 안다는 것

2016년 8월 15일, 그는 델리의 레드포트에서 인도 70주년 독립기념일을 기리기 위해 연설을 마친 후, 곧바로 구자라트로 날아가 아버지처럼 존경했던 스리 프라무크 스와미 마하라지(Shri Pramukh Swami Maharaj)의 묘지를 찾아 경의를 표했다. 이따금 성스러운 그의 시신 앞에서 연설할 때면, 그는 눈물을 흘리며 사랑과 연민의 감정으로 과거 그와 함께 했던 순간들을 회상했다. 그는 스리 프라무크 스와미가 자신의 연설을 종종 듣고 난 후, 될 수 있으면 특정한 단어의 사용을 자제해 줄 것을 조언했다며 이를 고마운 마음으로 귀담아들었다고 털어놓은 바 있다.

공적인 생활에서 특히 무엇을 말하지 말아야 하는지 안다는 것은 무엇을 말해야 하는지 아는 것보다 더 중요하다. 모디는 슈리 프라무크 스와미에게 경의를 표하는 동안, 그가 자신에게 건넸던 중요한 조언에 마음속으로 찬사를 보냈다. 보통 사적인 의견이나 조언을 남에게 공개적으로 고백하는 것은 매우 드문 일이다. 하지만 모디는 그를 점점 더 투명하게 드러내고, 나아가 사람들과의 관계에서 자신을 점점 더 설득력 있게 해주는 그런 정신적 토대를 누구보다도 기쁘게 반겼다.

2001년, 모디가 인도국민당(BJP)에서 구자라트주의 당내 지도자로 선출된 사실은 그와 문화 민족주의가 얼마나 강력하게 결합돼 있는지 잘 말해 준다. 그가 2002년 선거에서 승리해 당이 의원 다수를 확보했을 때, 구자라트 사람들과 그의 관계는 더욱 확고해졌다. 그는 구자라트 주민들의 이익을 위해 누구보다도 열심히 일했고 그들과 조화를 이뤄가며 협력을 더욱 굳건히 했다. 리더는 사람들과의 관계에서 가치가 평가된다. 겉보기에 단순해 보이는 이 객관적 사실은 15년 동안에 걸쳐 검증됐다.

시민 편의 위주로 사무국 개방

권력을 가진 사람이 행정에만 집중하고 있다면 그는 한낱 통치자에 지나지 않을 것이다. 또한 그가 의회에서 다수결 원칙에만 초점을 맞추고 있다면 그는 단지 한 사람의 총리에 그칠 뿐이다. 하지만 자신의 관심을 국가와 국민의 관심과 밀접하게 연관시킬 때, 그는 비로소 한 나라의 지도자가 될 수 있다. 정부와 정당, 혹은 사회단체에서 리더십이란 구성원들과의 일시적인 관계에서 나온 것에 불과하다. 국민들과의 관계는 다르다. 거기에서 뿜어져 나오는 리더십이야말로 진정한 리더십이라 할 수 있다. 나렌드라 모디는 이제 진정한 대중 지도자의 반열에 오른 셈이다.

여기에 공공 시스템의 주요 이슈들에 대한 민감도를 측정하는 데 도움이 될만한 모디의 일화가 하나 있다.

의회가 자리하고 있는 간디나가르(Gandhinagar) 사무국에는 처음에 일반 시민의 출입이 제한됐다. 예약 없이는 들어갈 수 없었다. 다만, 월요일은 예외였다. 이는 되도록 여러 날 외부의 방해 없이 사무국을 운영하기 위해서는 좋은 생각일 수도 있었다. 또한, 사람들에게 시간 관리의 중요성을 알리는 방안으로도 적절한 조치일 수 있다.

하지만 모든 방문객들을 행정업무의 장애물로 여기는 발상이라 잘못된 것임이 분명하다. 간디나가르시는 주 수도로 지정된 계획도시였다. 따라서 방문객들은 대부분 현지인이 아니었다. 그들은 시간과 돈을 들여 큰마음을 먹고 힘들게 의회 사무국 문에 도착하곤 한다. 방문객 중 대부분은 정당한 사유로 사무국을 찾는 것이다. 더구나 개개의 방문객은 작은 집단을 대변하는 존재이기도 하다. 사실, 방문을 제한한다는 내용이 뚜렷하게 공고된 것도 아니었다. 평균적으로, 하루에 적어도 100명의 방문객들이 사무국을 찾았다가 그냥 돌아갔다. 그렇다면, 5년에 걸친 재임 기간에 적어도 12만 명이 방문 목적을 달성하지 못하고 돌아갔다는 셈이 된다. 그들 중 일부는 월요일에 다시 돌아올지 모른다. 하지만 모든 사람들이 그런 시스템을 운영하는 행정적 이유를 알고 있는데도, 그렇게 월요일에 다시 방문하리라고 여기는 것은 시스템 자체를 오도하고 있는 것이나 마찬가지이다. 그들 중 많은 사람들은 월요일을 제외한 평일에 누군가 만나야 할 당사자와 약속을 잡고 방문해야만 한다는 사실조차 알지 못할 것이다. 방문객 한 명이 100명의 의견에 영향을 미칠 수 있다는 사실로 미뤄 볼 때, 5년 동안 가동된 이런 행정 시스템은 총인구의 거의 20퍼센트, 그리고 투표 인구의 40퍼센트인 천만 명 이상에게 불만을 안겨줬을 가능성이 있었다. 모디는 구자라트 사람들과 힘들게 쌓은 관계를 잘 지켜내야 했다. 그렇게 외면당한 사람들의 고통과 불쾌감은 실제로 겪어 본 사람만이 알 수 있을 것이다. 아무리 긴밀한 사이일지라도 사무국 출입문 통제로 인해 서로의 관계가 훼손되는 위험에 처하게 될지 모른다. 공공 시스템이라는 말의 두 단어는 똑같이 중요한 의미를 담고 있다. 시스템이 공공과 분리되는 경우 리더는 관계를 잃을 수밖에 없다. 어떻게든, 모디는 돌아가는 상황을 면밀히 살펴본 결과 나름 문제를 판단하고 근무 일 내내 사무국 문을 활짝 열었다.

전자정부 구축

마찬가지로, 주 정부 업무를 수행하는 기관의 사무실과 부서들의 태도 역시 지도자와 국민의 관계를 흥하게 하거나 망하게 하는 요인으로 작용한다. 전자정부 시스템의 출현 덕분에 지도자가 국민과 상호 소통하는 일이 훨씬 쉬워졌다. 모디는 시민헌장의 형식으로 시민들의 민원 사항을 기능별로 분류해서 전자정부를 직접 그들과 연결하는 것이 바람직하다고 생각했다.

'디지털 인도(Digital India)' 프로그램은 국민을 정부 시스템에 연결하는 또 하나의 거대한 결단이었다. 그러나 프로그램의 성공 여부는 온라인으로 상호작용하면서 과연 민원 사항을 제대로 해결할 수 있느냐에 결정적으로 달려 있다.

A. K. 샤르마(A. K. Sharma)는 1990년대 아난드(Anand) 지역의 민원 수집 담당관으로 근무했던 관료다. 그는 당시 민원의 기본 패턴을 이해하기 쉬운 언어로 단순화한 데 이어 체계적으로 번역하는 작업까지 시스템을 이용하는 사람들의 민원 업무를 수월하게 도왔다. A. K. 샤르마는 모디가 주 정부 총리로 등장해 정치권을 주도해 나가자 줄곧 그와 함께 일했다. 당시 바도다라(Vadodara) 지역 민원 수집 담당관 역시 시민헌장을 효과적으로 활용함으로써 좋은 모범 사례를 보여주기도 했다. 모디는 이 시스템이 가능한 한 널리 확산해 활용되기를 기대했다. 그의 비전은 전자정부를 사람들이 각자 집에서 이용해 민원을 해결하도록 하는 것이었다. 그는 마을과 마을을 서로 연결함으로써, 주민들이 서로 연계해 자신들이 원하는 것을 해결할 수 있도록 뒷받침하고자 했다. 그렇게 되면, 민원이 대폭 감소함으로써 사무국을 직접 방문해야 하는 사람들이 훨씬 줄어들 수 있기 때문이다. 이는 곧 비전을 내걸고 시행하는 거창한 제도를 제대로 실현하려면 현실적으로 어려운 구석을 살펴야 할 필요성을 새삼 깨닫게 하는 대목이다.

인간 친화(親和)의 정보기술(IT) 지향

정보기술(IT)은 초점을 경제에서 인간으로 바꿔 나가야 한다. 정보 시스템은 사람들에게 더욱 친근하게 다가가야 한다. 시스템 디자이너들이 모든 사용자들이 컴퓨터에 능숙하다고 가정해서는 곤란하다.

대부분 인도 사람들은 여전히 컴퓨터로부터 멀리 떨어져 있기를 원한다. 그들 중 대다수는 정보기술 처리 언어인 영어를 잘 모르는 데다, 영어로 읽고 쓰고 말하지도 않는다. 따라서 전자정부의 모든 콘텐츠를 387개의 지역 언어로 번역하고 쉬운 키보드 작업과 함께 여러 언어들의 호환성을 유지하는 게 현재 관련 산업 종사자들에게 주어진 과제라 할 수 있다. 정부는 프로그래머가 IT와 컴퓨터 사용자들마다 제각각 쓰는 언어의 격차를 해소하기에 앞서 그 필요성을 확고하게 알릴 논리를 다져야 한다. 그렇지 않으면, 다(多)언어 사회와 국가들은 단일 언어를 사용하는 여타의 동시대 국가들보다 더 가난해질 것이 자명하다.

그다음의 논리적 단계로 IT 산업이 응용 프로그램 시장에 들어가면 기술에 정통한 인도 총리의 역할이 중요해진다. 정부 부처의 사무실과 국민 요구의 격차를 좁혀 놓아야 하는 것이다. 어떤 면에서 보면, 이를 통해 문맹자들이 글을 배우고 기술을 익힘에 따라, IT산업은 그동안의 타성에서 벗어나 진정으로 모두가 함께 성장하는 핵심 동력으로 기여하게 될 것이다.

모디는 소프트웨어의 패러다임을 어기지 않는 선에서, 일반 대중에게 IT 기술을 더욱 폭넓게 보급하고자 노력했다. 그의 이런 노력은 그들이 기본적인 문해 능력을 습득하는 데 결정적인 역할을 했다.

언어의 이론과 실제, 그리고 자동화가 국민의 이익에 부합하기 위한 것이라면 영원히 함께 가야 한다. 다양한 언어들의 소통은 인도와 같은 나라에 매우 중요한 발전의 열쇠가 될 것이기 때문이다. 우리가 진정한 발전을 이루려면 국내외 여러 복합적인 요인들을 함께 활용할 수 있어야 한다. 전반적으로, 국민이 모두 다 동반 성장하려면 언어와 IT에 대한 국가정책의 뒷받침이 절대적으로 필요하다. 따라서 국가는 IT를 모든 언어들에 동등하게 적용해 기능적인 편의를 제공해야 한다.

출생과 일, 그리고 우연을 제외한다면, 사람들의 관계나 계층은 욕구나 언어가 비슷한 수준에서 형성된다. 여기에서 과학과 기술은 계층 간 거리를 좁히는 데 도움이 된다. 이런 점에서, 권력을 가진 지도자는 필연적으로 인간과 사물의 관계가 바람직하게 맺어져 가는지를 지켜볼 수 있어야 한다. 모디는 이를 곧 다가올 커뮤니케이션 혁명이라 여기고 있다. 그는 '권력의 이동'이라는 명저의 저자인 앨빈 토플러와 이 주제를 가지고 진지하게 토론했다. 나아가, 빌 게이츠, 마크 주커버그, 순다르 피차이, 제프리 베조스 등 여러 빅 테크 IT 전문가들과도 협의한 끝에,

인도 국민을 위한 맞춤형 행정서비스 전달 시스템을 개발하는 데 심혈을 기울였다.

인도 전통음악 축제

인도의 바드나가르 마을은 그들이 지닌 전통음악 유산을 큰 자랑거리로 여기고 있다. 특히 타나(Tana)와 리리(Riri)라는 두 자매는 인도의 전통 보컬 음악에서 주목받는 인물들로 높은 평가를 받고 있다. 그들은 타고난 능력으로 사람들을 감동케 하는 영적 화음을 선사했다. 오늘날 미국 유명 대학들이 인도 전통음악을 기반으로 한 음악 치유 과목을 개설하고 있다. 뿐만 아니라, 병원들도 음악 치료사들을 고용해 건강 관리의 주요 체계를 보완하고 있다. 이처럼 인도 전통음악은 가치 면에서 다양하게 재조명되고 있다.

타나와 리리를 추모하기 위해, 그리고 마을의 전통을 이어가기 위해, 2003년 구자라트 정부 문화부는 바드나가르에서 커다란 음악 축제를 개최했다. 저명한 플루트 연주자 판디트 하리프라사드 차우라시아(Pandit Hariprasad Chaurasia)는 그의 음악에 열망하는 청중들을 위해 파이프 연주를 선보이기도 했다. 그 해, 바드나가르시에는 이상하게도 비가 내리지 않았다. 축제가 열리기 전, 비 때문에 연주회가 방해받지는 않을 것이라는 가정 아래 임시 야외극장이 설치됐다. 곧바로 비를 주제로 한 인도의 전통 멜로디 음악 라가(raga)가 그 자리에서 연주되었다. 하리프라사드 차우라시아(Hariprasad Chaurasia)는 '메그 말하르'(Megh Malhar) 라가를 연주하며 자연과 화음을 이루었다. 그러자 갑자기 비가 내렸다. 이를 놓고, 우연의 일치이라거나 소리와 자연이 어울려 생겨난 현상이라거나 왈가왈부하는 것은 언급할 가치가 없는 논쟁에 지나지 않는다. 청중들은 독특한 연주 방식에 빠져 바드나가르 축제를 흠뻑 즐기는 분위기였다. 모디는 고향의 전통문화를 되살리는 차원에서 타나와 리리에게 경의를 표했다. 이 축제는 이제 음악 애호가들을 위한 연례행사로 자리 잡았다.

소마바이 모디(Somabhai Modi)[21]는 타나와 리리 축제 준비 총감독을 맡고 있다. 그의 기억은 축제가 매년 뿜어내던 열기로 가득 차 있다. 그는 자선활동을 통해 자신이 무언가를 하고 있다는 자부심에 뿌듯해 한다. 그는 모디 총리의 형이다. 그는 자기보다 어린 남동생에 관해 이야기할 때마다 눈물을 흘리며, 동생이 국민에게 보여준 남다른 헌신을 떠올린다. 그는 나렌드라 모디 총리 성공의 이면에 두 가지 단순한 요인이 있었다고 단정한다. 바로 독서와 국민의용단(RSS) 활동이었다.

한번은 음악 축제 기간에 모디 총리가 참석하기로 했다. 총리가 오기로 한 날, 안타깝게도 바드나가르에 갑작스러운 폭우가 내리기 시작했다. 하지만 신기하게도 날씨가 갑자기 바뀌면서 비가 그쳤다. 야외극장은 물에 흠뻑 젖어있었다. 그래도 총리는 주최자들에게 음악 축제를 계속하라고 요청했고, 드하리 판참(Dhari Pancham)은 온 신경을 기울여 가며 끈기 있게 연주를 지속해 101시간 동안 '중단 없는 전통 보컬 노래 공연'이라는 진기록을 세우게 됐다.

"뜻이 있는 곳에 길이 있다!" 소마바이 모디가 강조한 말이다.

공동체 화합의 사례

바드나가르 지방에는 힌두교와 이슬람교 신자들이 함께 살고 있다. 이슬람교도들은 이 지역의 아들, 나렌드라 모디를 사랑한다. 그들은 세속주의에 대해서는 알고 싶어 하지 않는다. 사실, 그들의 일상대화에서 그런 단어는 찾기조차 어렵다. 사람들 사이의 관계를 형성하는 것은 그것을 파괴하는 것만큼이나 쉬운 일이 아니다. 작은 불씨 하나조차도 평화를 불태울 수 있다. 신뢰도 언제든 허물어질 수 있다. 파괴 음모를 일삼는 모리배들에게 사회구조를 망가뜨리는 것은 하나의 잔인한 게임이다. 관계가 경색되고, 공동체가 갈라지고, 종교는 하늘을 떠도는 행성이 돼 버린다. 이 모든 것은 서로 돕고자 하는 인간의 노력을 방해한다. 매우 복잡한 문제이다. 이를 해결하는 작업은 한 사람 혼자만의 힘으로는 가능하지 않다.

2002년 폭동이 일어났을 때, 모디는 당시 그의 안보 고문이었던 KPS 길(KPS Gill)과 자주 접촉했다. 모디는 길에게 아메다바드시의 특정 지역에 힌두교와 이슬람교 공동체 사람들을 모아 달라고 제안했다. 짧은 회의를 통해 두 공동체 사람들은 만장일치로 폭동을 일으킨 요인을 분석하고 후원자를 식별하는 데 참여하기로 결정했다. 길은 관련된 정보를 속속 받기 시작했고, 이 회의 덕분에 더 큰 피해를 막을 수 있었다.

당시 폭동의 배후 세력으로 동원된 범죄자들은 일부 정치인들과 관계를 맺고 있었다. 두 집단의 연결고리가 밝혀졌다. 놀랍게도, 규모는 상상을 초월했다. 진실은 드러나고 말았다. 일상적인 범죄를 폭동으로 증폭시켜서 보고하던 범죄조직이 빠르게 밝혀지자, 평화를 정착시키는 과정에도 큰 변화가 일어났다. 범인들은 체포돼 심문을 받았으며, 폭동을 빌미로 보험 혜택을 노리려 했던 그들의 의도도 낱낱이 드러났다. 혼돈을 통제하기 위해 정부의 모든 시스템이 서로 긴밀하게 협조했고, 구자라트주는 다시 평화로운 일상을 되찾을 수 있었다.

잘못된 열정 바로잡기

모디의 인간관계 역량은 뉴스채널의 한 취재기자와 있었던 사건에서 더욱 도드라지게 나타난다.

2002년 12월 모디가 주의회 선거에서 승리한 날, 열성적인 인도국민당(BJP) 지지자들이 아메다바드 지역 칸푸르에 있는 당 사무실로 모였다. 그들은 자신의 정당이 의회에서 절대다수 의석을 확보할 수 있었기에 기쁨에 찬 나머지 환호성을 질렀다. 사무실은 발 디딜 틈조차 없을 정도로 붐볐다.

이런 상황에서 한 유명 TV 뉴스채널의 카메라맨이 스탠드를 고정하고 도로 한복판에 카메라를 설치했다. 카메라 위치를 결정하는 것은 보도 관계자들의 전문적 재량이며, 안전한 위치를 확보하는 것 역시 그들의 책임이다. 하지만 열광적인 군중 사이에서 도로 중앙에 카메라를 설치한 것은 그들의 전문성과 동기에 의문이 제기될 만한 일이었다. 당연히 많은 군중이 모여 흥분된 분위기에서 소중한 카메라가 손상될 가능성이 컸기 때문이다.

군중은 환희에 빠져들었다. 누군가가 어쩌다 밀쳐 카메라가 약간 손상됐다. 그러자 취재기자는 카메라맨으로부터 예상했던 소식을 기다리기라도 했던 것처럼 모디와 정당 동료들이 앉아 있는 방 앞에서 행패를 부리기 시작했다. 취재기자는 위험한 위치에 설치된 카메라가 손상된 책임을 모디와 그의 정당에 돌리려고 했다. 취재기자는 이미 보도 계획을 세워 놓기나 한 것처럼, 관련 뉴스를 저녁 방송에 내보내겠다고 위협했다.

모디는 이 취재기자의 열정이 잘못됐다는 사실을 깨닫고 신속히 그의 분노를 가라앉혔다. 그는 취재에 협조할 사람들을 불러들여 곧바로 인터뷰를 시작했다. 그러자 취재기자는 이런 제스처에 감동해, 모디에게 우호적인 대답이 나올만한 질문들을 중점적으로 던졌다. 결국, 인터뷰는 아주 훌륭하게 진행됐다. 모디는 자신에게 적절한 보도가 나가게 할 수 있었고, 무엇보다 취재기자와의 관계도 좋게 유지할 수 있었다.

누군가를 이름으로 불러주는 것과 문제의 인물을 이해하는 것은 별개이다. 모디는 공개 연설에서 구자라트 6천만 명의 주민을 언급하는 것으로 시작했다. 그는 지금까지 어떤 종파나 카스트를 구분해서 사람들을 언급한 적이 없다. 특히, 정치지도자가 공개 연설 도중 이런 핵심 가치의 일관성을 유지한다는 것은 쉽지 않다, 그러나 모디는 한 주의 수장으로서 자신의 첫 번째 책임이 국민과의 관계라는 것을 누구보다도 잘 이해하고 있던 정치가이다. 모디의 이런 가치관은 인도 국가 차원에서도 정치적 안정을 유지하는 데 큰 도움이 됐다.

누구나 자기가 한 말을 이행하며 일을 하기 마련이다. 그렇다고 해서 반드시 일에 맞춰 말을 해야 하는 것은 아니다. 모디는 관계를 관리해야 하는 지도자들에게 좋은 본보기이다. 그래서 그는 구자라트에서 3연승을 거둔 데 이어, 연속 연방정부 의회 선거에서도 승리를 거뒀다. 마침내, '국민을 위한' 일꾼이 나타난 것이었다.

07

나렌드라 모디가 왜 인도에 필요한가?

07

나렌드라 모디가 왜 인도에 필요한가?

　세계화의 초기 단계에서 경제학의 '수요와 공급'을 이해하는 것은 매우 흥미로운 일이었다. 인도는 전 세계 경제학자와 정책입안자들에게 많은 실용적인 연구사례들을 제공하고 있다. 분명한 사실은, 인도에서 나타난 사례들의 결과를 세계의 흐름과 연계시키면, 인류 문명이 추구해야 할 바람직한 방향을 도출할 수 있다는 점이다. 우리는 세계화라고 알려져 전 세계에서 펼쳐졌던 경제현상에 대해 잘못된 입장에 서지 않도록 유의해야 한다. 우선, 세계화가 된 것과 세계화가 되지 않은 것이 무엇인지에 관한 기본적인 정보를 얻는 게 필요하다. 그런 정보 처리가 세계적으로 잘 돼 있을지라도, 경제를 세대에서 세대로 이어주는 기초체력에는 여전히 격차가 존재하고 있다.

　우리가 지금 티 파티(tea party)나 커피 하우스, 소셜 미디어, 경제 포럼, 미디어, 개인 각자의 의식구조 등에서 진지하게 다루고 있는 의제들은 실로 많다. 경제 개발, 경상수지 적자, 부채구조조정, 투기 지표, 복지제도, 인플레이션, 투자, 수익, 시민 불안, 테러, 유가, 기후 변화, 빈곤선, 조세, 범죄, 정의, 장애, 공공 제도, 부동산, 모기지, 통화 변동, 인프라, 일자리, 실업, 부패, 반란 자금 조달, 검은돈(black money), 평행 경제(parallel economy), 의료, 교육, 정치 등등.

이처럼 복잡한 난제들은 얼핏 혼잡한 주차장처럼 보이기 쉽다. 그러나 자세히 들여다보면, 세세한 내용에는 사람들의 사고방식과 비즈니스 및 정치 시스템들이 다 들어있다. 그렇다 보니 이런저런 일에 사로잡혀 불안한 마음이 생기고, 그로 인해 우리는 뚜렷한 방향을 찾지 못한 채 혼돈으로 빠져들고 있다. 마치 서로의 이해가 복잡하게 충돌하면서 인류사회를 서서히 난국으로 내몰고 있는 형국이다. 자신의 이익을 도모할 것인지, 아니면 사회, 국가, 정당, 기업, 경제 또는 동료 인간의 이익을 좇을 것인지는 우리 앞에 놓인 끝없는 딜레마이다. 더구나 상황을 통합적으로 바라보는 시각을 갖지 못해서 문제는 더욱 심각해진다. 이런 현실에서, 리더십은 마치 고립된 행성처럼 떠돌고, 궁극적으로 자신만의 우주를 챙길 채비를 하게 된다.

만약 세상을 옥죄고 있는 문제들이 통합적으로 이해되고 해결되지 않는다면, 우리는 무질서한 엔트로피 상태로 내몰리게 된다. 그동안 정치인들의 지엽적인 구상들이 전 세계에 만연했고, 그들의 주요 이익들은 회수할 수 없는 지경에 놓이고 말았다. 결국 고통은 계속되고, 다양한 형태의 가난이 이어지고 있으며, 사람들은 예나 지금이나 똑같은 심리적 상태에서 소수를 위한 표밭 역할이나 하며 살아간다. 그나마 비판적인 입장을 견지했던 일부 사람들까지 아예 권력자들이 자신의 지위를 연장하기 위해 그려낸 환상적 복지를 진정제처럼 여기며 살고 있다.

맞춤형 복지의 길

이 책의 주인공 나렌드라 모디는 국가가 처한 불행을 조속히 해결함으로써, 인도를 더 강하게 만들어야 한다는 당위성을 파악하고 믿었으며, 그리고 실천에 옮겼다. 더 강한 인도의 위상은 세계 다른 국가들에도 좋다. 모디는 매사에 뚜렷한 신념을 갖고 꼼꼼하게 생각하며, 그러한 과정을 통해 자신만의 통치 스타일을 확고히 구축해 나가고 있다.

세계화의 개념을 더 적절한 논리로 만들어 주고 있는 것은 강하고, 건강하며, 번영하는 국가에 대한 그의 투철한 신념이라 할 수 있다. 그의 이런 신념은 주식이나 상품, 기업 같은 개개 단위들에 적절한 그 어떤 경제이론들보다도 세계화의 개념에 확실한 논리를 실어주고 있다. 그는 불평등과 고통, 잘못된 규칙을 줄여 빈부격차와 고통, 그리고 잘못된 규정들을 줄여 누구도 쉽게 괴롭힘을 당하지 않는 포용적인 세계로 가는 길을 닦아야 한다고 강조하며 그런 방향의 세계화를 강조한다.

　2016년, 모디는 독립기념일인 8월 15일 대국민 연설을 하는 과정에서 파키스탄을 향해 강력한 경고를 날렸다. 발로치스탄(Balochistan) 지역의 인권이 심각하게 우려할 만한 상황에 놓여있다는 점을 분명히 지적하고 넘어간 것이었다. 그는 또한, 세계에서 가장 분쟁 위험이 큰 지역의 지도자로서 용기 있게 다음과 같이 폭로하고 나섰다. 즉, 국제적인 동정심을 유발하고 군사 지원을 얻기 위해 누군가 일부러 카슈미르 지역의 불안을 조성하고자 거짓 뉴스를 퍼뜨리고 있다고 밝혔다. 통상적으로, 모디는 국제 문제를 해결하는 과정에서 본질을 피하며 변죽을 울리는 우회적인 접근법은 취하지 않는다. 한마디로 말해, 그는 그저 현상 유지나 바라는 총리는 분명 아니다.

　오늘날 정치인들은 경제의 축을 복지 쪽으로 전환할 경우 표와 절대다수의 지지를 얻거나 정부 기관을 통제할 수 있고, 거의 주머닛돈이나 다름없는 국고를 챙길 수 있다고 생각한다. 그래서 그들은 세금 등으로 어렵게 조성한 공공 자원으로 후원자를 관리하고 자신의 선거 캠페인에 돈을 대며, 자신들의 주머니를 채우는 동시에 국민들을 근거 없는 환상에 빠지게 한다.

　인간에게 과연 생존능력이 있는 것인지, 아니면 약해질 대로 약해져 무언가에 절대적으로 의지할 수밖에 없게 된 것인지, 이에 관한 답은 자명하다. 10억 명이 넘는 인구를 이끌어가면서 겉보기에 번지르르한 인기 정책을 남발해 국민을 기만적인 복지 제도에 매이게 해서는 절대로 진정한 통치를 할 수 없다. 이는 건강한 몸에 인공호흡기를 달아주는 것이나 다름없다. 오늘날 사람들은 그 어느 때보다 초연결 시대를 살아가고 있다. 따라서 그들은 정치인들의 이런 장난질을 이미 잘 알고 있다. 오로지 인기만을 노린 복지 프로그램으로 표를 얻을 수 있다고 생각한다면 틀림없는 오산이다.

최근에는 농촌지역의 가난한 문맹 유권자들조차도 정치를 잘 파악하고 있다. 모디 또한 이 점을 잘 알고 있다. 따라서, 그가 시행하는 프로그램들이 색다르게 조정됐다. 그는 기본적인 인프라 구축에 초점을 맞췄다. 반 통의 물을 얻기 위해 매일 3마일을 걷는 사람이 있다면, 그에게는 물이 최우선이지 다른 것들은 큰 의미가 없다는 것이다. 이런 면에서, 구자라트 댐들을 연결하기로 한 최근의 결정은 인도의 개발 역사에서 실로 엄청난 조치라 할 수 있다.

필요와 탐욕

인도 인구통계학의 캔버스에는 10억 명 이상의 꿈이 그려져 있다. 꿈

속에 들어있는 내용 하나하나는 실로 놀랄 만하다. 물은 기본이고, 가구마다 최소한의 조명을 유지하는 데 필요한 전력, 기본적인 배수와 하수도, 세면장, 최소한의 문해력을 보장하는 학교 교육이 들어있다. 아울러, 먼 곳에 있는 고등학교에 등교하는 학생들을 위한 기본적인 교통수단, 의료 시설, 그리고 최소한의 생계 수입을 보장하는 기회 등도 들어있다. 하지만 많은 사람들에게 이 모든 것들은 아직도 머나먼 꿈에 불과하다.

경제적으로 약간 상위 계층에 있는 사람들에게는 기본적인 욕구를 충족시키기 위한 비용을 마련하는 게 꿈이다. 다시 말해, 아이들을 위한 양질의 교육, 가족을 위한 건강 관리, 찌는 듯한 무더위를 피할 수 있는 작은 에어컨, 소형 자동차, 주말여행 등이 그들의 꿈이다. 또 어떤 사람들에게는 피선거권을 얻고, 부동산을 하나 더 구비하고, 사치품 목록을 늘려 나가는 것이 꿈인 경우도 있다. 열심히 일하는 기업가로서는 초기 자본과 함께 은행 대출, 수월한 통관, 그리고 지속 가능한 노동력과 저렴한 가격의 원자재 확보가 꿈일 수 있다.

경제학에서 가장 위험한 경계선에 놓여있는 개념은 간단하다. 바로 '수요 창출(Demand Generation)'이다. 수요 창출이 '필요'에서 '탐욕'으로 바뀌는 순간, 인간의 목숨이 위태로워지며 소수가 나머지 다수를 희생양으로 삼아 번창하게 된다. 이 뿌리를 찾아내 문제를 근본적으로 해결하지 않으면, 세상은 진정제를 맞은 것처럼 몽롱한 상태로 실질적인 현안들을 무시한 채 부채 돌려막기와 환상적인 복지 같은 난제들에 질질 끌려다니게 된다. 더 심각한 문제는 그런 양상이 계속 변화한다는 데 있다. 그런 위험은 개인과 개인이 유해 제품을 주고받는 차원을 넘어 경제와 사회의 전반적인 영역으로 치닫는다.

정치와 경제의 너 좋고 나 좋은 식의 결탁이 인도 전역에서 횡행하면서 인도의 핵심 제품들은 투기 상품 카르텔에 장악되고 있다. 모디는 그런 잘못된 게임과 석유와 석탄, 그리고 여타의 세계 투기 카르텔과 이해관계를 맺어 피해를 당하고 있는 인도 정계의 곤란한 상황을 잘 알고 있다. 그러다 보니, 이전 천년의 중세 시대에 한때 논란의 여지 없이 세계 경제 초강대국이었던 인도가 요즘 '개발도상국'이니, '떠오르는 신흥국'이니, '다가오는 미래' 등의 꼬리표를 단 채 경제의 주변국으로 전락했다. 끊임없이 침략을 당하고 1947년 이후 민주주의로 전환하면서 인도는 착실하게 어렵사리 쌓아온 국고를 상당량 날리는 국면을 맞게 된다. 지방 권력들이 호시탐탐 넘보고, 전례 없이 크게 늘어난 공공 및 복지 재정을 빼먹기에 혈안이 된 부패 세력들의 먹잇감이 되면서 말이다.

복지라는 허울 아래 경제를 쥐어짜다 보니 결국 엄청난 규모의 불균형이 초래되고 말았다. 이는 전 세계 기득권 세력의 이해와 맞아 떨어졌다. 그도 그럴 것이, 기득권 집단은 인구가 밀집된 경제에 억압과 불안이 가해지면 인위적인 재정흑자 요구, 과잉 생산 강요, 무기 및 불법 마약거래 같은 의도하지 않은 수익원이 창출된다고 믿는 사람들이기 때문이다. 사회적으로 그리고 경제적으로 스트레스를 가함으로써, 제대로 꾸려갈 수 있는 경제를 겨우 생존에 급급한 상태로 몰아넣는 형국이다.

일이 돌아가는 방식은 의외로 간단하다. 열심히 노동하는 것을 방해하고, 투기를 장려하며, 사회적 불안을 조장한ㅌ 다음 이 모든 문제를 권력을 지닌 정치권과 연결하는 식이다. 그 과정에서 창출된 이익은 정치 권력층의 일부와 공유한다. 이에 따라, 가난한 사람은 계속 가난하게 살고, 중산층은 스트레스를 받게 되며, 농민의 생활은 불안해지고, 산업은 불확실성에 놓이게 된다.

업보를 뜻하는 카르마(karma)에서 최고의 수행 철학인 '성스러운 기타(Holy Gita)'[22]의 원리가 운명에 모든 것을 맡겨버리는 식으로 꾸준히 퇴행하고 있다. 결과적으로, 14억 인구의 28억 개에 달하는 손들이 게을러졌고, 그렇다 보니 거대한 국가경쟁력은 뿌리째 뽑히고 있다. 유권자들은 자신을 허구적 복지로 현혹하는 부패 집단의 손아귀에 놓이게 됐고, 그들의 표가 모자라면 인접 국가에서 불법 입국자를 들여와 충당했다. 과연 인도에서 민주주의가 제대로 역할을 하고 있는지에 대한 근본적인 의문이 제기되곤 했다.

결국, 인구가 많은 국가의 경우 민주주의라는 미명으로 온갖 악행에 이용되기 쉬운 것처럼 보인다. 따라서, 유능한 지도자들이 나서 바로잡지 못하면 그 국가의 민주주의는 소수 카르텔의 입맛에 놀아나는 적당한 크기의 기생충으로 전락하기 쉽다. 물론 포용적 세계화가 설 땅은 생각조차 하기 어려워진다.

경제가 순수한 의도에 맞춰 제대로 작동하려면 60년 동안 성장을 저해하고 목을 조여왔던 파행적 정치행태로부터 자유로워야 한다. 인도가 강한 지도자를 필요로 하는 이유는 바로 거기에 있다. 모디는 의심할 여지 없이 그의 능력을 확연하게 보여준 지도자이다. 국가안보와 경제 통합은 그가 총리로 재임한 첫 임기 동안 역점을 뒀던 과제들이다.

기득권 경제의 발자국

여러분은 경제학자들이 각국 경제의 구매력을 심각하게 논의하는 것을 본 적이 있는가? 여러분은 경제의 구매력을 측정하는 올바른 지표를 본 적이 있는가? 구매자(buyer) 시장에 관한 이야기가 커지고 있다. 하지만 석유 및 석탄 카르텔의 독점에 의문을 제기하고, 또 카르텔이 구매자와 판매자 중 어느 편의 손을 들어 주고 있는지를 진지하게 논의한 사람을 본 적이 있는가? 여러분은 또 다음과 같은 경제학자를 본 적이 있는가?

가계와 사회, 기업, 그리고 정부가 한배를 타고 항해할 때, 그들을 충분히 지탱할 수 있을 규모의 경제력을 이끌려면 구매력이 필요하다는 점을 강조하는 그런 경제학자 말이다.

석유와 석탄은 시장의 주요 동력이다. 두 화석연료의 가격이 인플레이션 방향을 결정하고, 구매력은 보통 석유와 석탄 가격에 의존하게 된다. 현대 경제학의 기반도 물건 가격이 시장에 참여하는 대중이 감당할 수 있는 역량에 맞춘 이전가격(移轉價格)[23] 모델로 이동하고 있다. 이 과정에서 세계화라는 허울 좋은 이름으로 우리 생필품들의 가격이 세계적 투기 카르텔의 이해에 놀아나고 있다. 투기꾼들은 구매력이 커지면 착취에 몰두하며, 그에 따르는 상쇄적인 투자를 하려는 투자은행가들의 방에 모여 비밀공작을 벌인다.

앞서 설명한 바와 같이, 경제력은 기본적인 에너지 수요를 얻고자 하는 개인의 구매력에 크게 의존한다. 모디는 그 사실을 잘 이해하고 있었다. 그는 다양한 현안들을 처리하기 위해 다방면으로 열심히 노력했다. 그 가운데는 국내 석유 및 가스 탐사, 태양과 풍력 및 해양의 대체에너지 물색, 전기 공급의 현대적 관리, 과학적 관개 방법 개발, 수자원 관리 시스템 설계, 자원 수집을 위한 연방정부 차원 대화, 각 분야에 표준 관행을 도입하기 위한 국제 전문가 참여, 모든 대륙의 주요 경제 국가를 대상으로 한 정부의 투자 조정 등이 있었다.

가격의 세계화와 구매력의 지역화는 문명의 가장 큰 모순 중 하나를 일으켰고, 인간의 마음을 끝없는 분쟁 상태로 빠뜨려 놓았다. 이는 곧 사람들의 불안, 테러의 활개, 정치 스캔들, 그리고 대책 없이 불어나는 부채의 한계 등을 몰고 왔다.

경제 테러의 혼란상 정리

우리는 전 지구적으로 가격을 책정해서 그에 따른 세계적 차원의 구매력을 유지하든지, 아니면 각국의 경제에 맞는 이전가격을 조정해야 한다. 우리가 지금처럼 지역만 의식한 구매력 때문에 계속 더 많은 빈곤을 만들어 내고, 그것이 인위적으로 치솟은 국제 가격을 좇아가려고 한다면 우리는 결국 파국에 직면할 것이다. 사치스러운 옷차림으로 치장한 교묘한 경제 테러와 비교적 쉽게 발각돼 유죄 판결을 받고 버림받는 말단 존재들의 일탈을 구별하기란 쉽지 않다. 그러나, 세계가 촘촘하게 연결돼 부드러운 미소로 위장한 테러 세력의 가면을 벗겨내고 균형을 잡아 나갈 날도 그리 멀지 않았다.

14억 명에 달하는 많은 사람들이 인도라는 한 나라에서 아주 기초적인 삶의 안락함을 꿈꾸고 있다. 통치자들은 독립 후 70여 년의 세월을 보내면서 이 많은 사람들을 무시하기로 작정했던 것이 분명하다. 인도 문명은 불과 몇 세기 전까지만 해도 세계 무역의 정점에 있었다. 그런데 갑자기 정치체제, 식민지, 기업과 무기 로비, 불법 마약, 그리고 지역 정치인들과 손을 잡고 운영되는 금융 마피아의 탐욕스러운 약탈 속에서 그만 길을 잃고 말았다.

모디는 그 혼돈의 상황을 잘 대처함으로써 함께 하는 인간 사회에 일말의 존엄성을 되찾아 주고자 부단히 달려 왔다. 그는 원칙적으로 세계화를 지지하는 쪽이었다. 세계화는 경제적인 영역에만 국한되지 않는다. 세계화 과정에서 핵심 가치로서 사람이 빠지게 되면, 정치와 경제는 본류를 잃게 된다. 인도의 정신적인 지도자인 스와미 비베카난다(Swami Vivekananda)는 1892년 시카고 연설에서 세계화에 대한 매우 건실한 아이디어를 제시했다. 다음과 같은 그의 말은 오늘날까지도 매우 유효하고 적절하다.

"아주 오랫동안 종파주의와 편협, 그리고 그것들의 심각한 후예인 광신주의가 아름다운 지구를 지배했다. 그것들은 지구를 폭력으로 가득 메우고, 때로는 인간의 피로 땅을 적시며, 문명을 파괴하고 각 나라를 절망에 빠뜨려 왔다. 그런 끔찍한 악마들이 없었다면, 인간 사회는 지금보다도 훨씬 더 발전했을 것이다."

모디는 인간을 경제, 사회, 과학 및 정치 등 모든 과정의 핵심에 두는 세계화를 신뢰한다. 그래야만 세상이 좀 더 강해질 것이기 때문이다. 그것은 '약탈하고 포획하며 소비하는' 그런 저급한 종류의 철학이 아니다. 우리에게 지속 가능한 조화와 화합을 선사해 줄 수 있는 것은 '상호협력과 확대재생산, 그리고 자급자족'이다.

08

눈앞에 놓인 현안들

08

눈앞에 놓인 현안들

전 인도 총리 라지브 간디(Rajiv Gandhi)는 인도 정부가 사람들을 위해 쓰는 1루피 중에서 오직 15파이사만이 목적지에 도달한다고 실토한 적이 있다. 우리 민주주의 역사상 가장 솔직한 고백 중 하나였다. 간디의 그 한마디는 인도에서 가장 큰 도둑이 정치인이라는 대중의 통념을 그대로 뒷받침하고 있다.

총리 자신이 공공 재정의 85%가 계속 새 나가고 있다는 사실을 공개적으로 인정한 것은 엄청난 충격이었다. 처음에는 농담 정도로 받아들여졌다. 그러나 점차 사람들의 관심은 커져갔다. 그리고 그것이 완전히 공공연하게 드러나기까지 또 다른 20년이 지났다. 그저 가볍게 여겨졌던 농담이 현실로 인식되는 데 그 오랜 시간이 걸린 것이었다. 이해 당사자들은 모두 당연히 그러려니 하고 받아들였다.

절실히 '필요한 쪽(need side)'에는 15퍼센트만 주어진 데 반해, '탐욕을 부리는 쪽(greed side)'이 나머지 85퍼센트를 차지하고 만 것이다. 많은 사람들이 절망과 딜레마에 빠지고 말았다. 그러면서 '필요' 쪽에서 '탐욕' 쪽으로 옮겨가려고 안간힘을 썼다. 나름의 가치체계를 고수하며 '필요' 쪽에 머무는 것이 자신들을 안락한 곳으로 들어가는 것을 막는 실수라고 인식하면서 말이다. 모두 무엇이 올바른 가치인지 혼돈에 빠지고 말았다. 선택의 여지가 없었다. 많은 사람들이 생존을 위해, '카르텔 85'가 쳐놓은 시스템을 따라야만 했다.

시간이 지나면서 사람들의 욕구는 그저 욕구로 오랫동안 남아 있을 뿐이었다. 인도 전역에서 수백만 명의 사람들이 물과 전기, 화장실, 가스, 배수구, 도로, 그리고 맑은 공기 같은 가장 기본적인 시설이나 공공재 없이 살아야 했다. 문제는 '필요' 쪽의 사람들은 그런 현실을 대수롭지 않게 받아들이고 있었다는 점이다. 물 두 양동이를 얻기 위해 한참을 걸어가야 하는 일이 일상화됐고, 야외에서 대변을 보는 것도 이상한 일이 아니었다. 장작불로 요리하면서 가난한 여인들의 목과 폐는 상할 대로 상했다. 최저 생활에 꼭 필요한 화장실 물과 배수구, 조리용 가스, 수도꼭지, 전기 등과 같은 필수적인 공공재가 그들의 '필요'에는 존재하지도 않았다.

복지 혜택을 받아야 했던 사람들의 '필요'는 정치적인 힘에 기대어 좀도둑질하는 '탐욕' 쪽의 부를 축적하는 수단으로 이용됐다. 서류상으로 정당하게 '필요' 쪽에 할당된 재정을 '탐욕' 쪽의 사람들이 복지 시스템에 들어가 자신들의 무명 계좌에 옮겨놓는 식으로 말이다. 복지국가는 허울 좋은 명목에 불과했다. 실제는 재정을 약탈하는 전쟁이었고, 국가 재정은 승자의 전리품이었다. '카르텔 85'에 충성을 다했던 악당들은 모디가 인도 총리로 등장해 '존 15(Zone 15)'의 편에 서기 전까지 오랜 세월 무적의 챔피언으로 자리를 지켰다.

복지 라인의 잉크와 엄지 사이

원래, 복지 프로그램이 부실하지는 않았다. 모든 정책 하나하나가 가난한 사람들을 겨냥한 것이었다. 문맹률이 워낙 높아 그들에게는 더 많은 복지 지원이 필요했다. 실제로 지원 구조는 매우 체계적으로 만들어진 것 같았다. 그러나 돈의 흐름은 달랐다. '필요' 쪽보다 '탐욕' 쪽을 충족시키는 데로 흘러갔다.

복지 혜택의 전달 체계도 큰 문젯거리였다. 가난한 사람들은 펜도 은행 계좌도 가질 능력이 없었다. 루피당 15파이사의 비율로 복지혜택을 받는 그들이 사용하는 도구는 엄지손가락과 투표를 하고 나서 손가락에 바르는 잉크가 전부였다. 그들에게 선택의 여지는 없었다. 15대85의 기준에 따라 '탐욕' 쪽과 파트너십을 맺어야 했다. 만약 그 비율이 85대15

였다면, 인도는 행복 지수가 지금보다 훨씬 더 높은 선진국이 됐을 것이다.

독립 후 72년이 지난 지금도, 우리는 대중 앞에서 그 난제들을 해결하기 위해 고군분투하고 있다. 물론, 문제가 너무 복잡해 식별하기 어려울 정도는 아니다. 우리 정치인들은 문제의 본질들을 잘 알고 있다. 앞서 언급한 바와 같이, 빈곤, 인프라, 구매력, 안전, 실업, 법과 질서, 비효율적인 공공 시스템, 대규모 부패, 덤핑, 비논리적인 세금, 정의의 지연, 불법 임상 시험 및 장기(臟器) 매매 관광 등은 보통 사람들에게 공평한 기회를 빼앗는 이슈이자 그들이 겪는 불행의 원인이기도 하다. 가난한 소작농들부터 부유한 사업가들까지, 그들 모두가 함께 고통을 받고 있는 셈이다.

그러나 가장 큰 골칫거리는 그런 난제들을 현장에서 제대로 식별하지 못하고 있다는 사실이다. 나아가, 문제의 본질을 확인하고도 해결할 정치적 의지가 부족한 것 역시 인도의 앞날을 막고 있는 커다란 걸림돌이다. 심지어 식별을 통해 확인된 문제를 정치적 목적에 따라 악용하는 관행은 국가 차원에서 좀처럼 고쳐지지 않는 고질이 되고 말았다. 누군가 나서 문제를 해결하고자 할 때 그런 모범적 행동을 방해하는 것 또한 인도의 골치를 썩이고 있는 악습이 아닐 수 없다.

우리가 국제 음모 세력들이 쳐놓은 덫의 피해자라고 말하는 것은 어찌 보면 반만 맞는 이야기이다. 우리 자신이 불행 자체이며, 난제이고, 악습 및 오도된 정책의 기획자들이다. 우리가 정치, 마약, 금융, 무기, 테러에 이르기까지 이른바 쓰레기나 다름없는 국제 마피아들을 상대하며 불러들였던 것이다. 그 결과, 그들을 우리의 정치 설계에 동참시키고 자원을 그들의 해외 금고로 보내고 있다. 아울러, 국민을 식물인간으로 내몰고, 가난한 사람들을 그저 선거 승리를 위한 텃밭으로 삼고 있다. 나아가, 국경 너머의 더 많은 빈곤층을 수입하거나 끌어들여 놓고는, 민주주의를 외치는 시민단체들과 비슷한 존재들로 다루며 사람들을 세뇌하는 데 정신을 팔고 있다.

수자원 확충

물 문제를 들여다보자. 여성들이 물 한 양동이를 구하려고 매일 3~4마일을 걸어야 하는 마을들이 수두룩하다. 올림픽 경기도 아니고, 도대체 이런 고통의 행렬이 언제 끝난다는 말인가? 장마철 홍수가 너무 잦다 보니, 임시 조치를 하고 다음 장마철을 대비해 피난처를 찾는 데 올해 남은 시간을 모두 소진해야 하는 지역들이 있다. 독립 이후 댐과 운하를 건설하느라 애는 쓰고 있지만, 아직도 목표를 달성하지 못해 연방

정부의 도움을 얻으려고 악전고투하는 주들이 있다. 연방정부의 관련 예산은 당연히 받아야 하는데도 말이다. 농업용수나 가정용 식수, 전기 발전을 위해 바닷물을 담수화하려는 프로젝트가 산발적으로 벌어지고 있다. 제방을 쌓아줬으면 하고 기다리는 강들이 전국에 산재해 있기도 하다. 어떤 도시는 가정의 수돗물이 일주일에 한 번만 나오는 곳도 있다. 일부 지하철의 경우는 단 한 차례의 비에도 침수돼 전체 운행이 마비된다. 때로는 약 2~3인치 내린 비에도 고층 빌딩과 호화로운 건물 주변 도로가 물에 잠겨 교통 체증에 시달리는 모습을 쉽게 볼 수 있다. 겉으로 보기에 번지르르한 도시 대부분 지역에 배수 시설도 제대로 갖춰져 있지 않다. 어떤 지하도는 버스 같은 대형 차량이 물에 갇혀 긴 연못으로 변하기 일쑤이다. 상당히 많은 곳의 농경지가 여전히 비에만 의존하고 있다. 보통 농업용수는 물탱크를 이용하거나 깊은 우물을 시추해서, 그리고 인근 수원에서 무단으로 파이프를 박거나 가끔은 운하의 파이프를 연결해 공급하고 있다.

    다른 쪽에서는, 대량으로 물을 사용하는 사람들이 있다. 그들은 자신이 점유하고 있는 토지에 대한 절대적인 권리를 주장하면서, 주변 사람들에게 조금의 배려도 하지 않고 수원의 수도꼭지를 막으려 든다. 물이 필요해서 그들의 절대적인 권리를 누그러뜨리려는 소송을 제기하면, 법정에서 심리하기까지는 수년이 걸린다. 게다가 건설용 모래 채굴이 불법으로 이뤄지는 바람에, 제방이 무너지고 물의 흐름이 방해를 받아 강 주변 습지는 마른 땅만 남는 경우가 허다하다.

그나마 잘 흘러가는 강들은 수인성 질병을 옮기고 있는 데다, 임상 시험에 쓰인 의료용 폐기물이나 약물이 떠다녀 심각한 위생 문제를 야기하고 있다. 물론 위생 문제는 의료산업에서 상응하는 새로운 수요를 창출하는 면이 있기는 하다. 인도에서 물은 이처럼 광범위하게 영향을 미치고 있다. 인도의 유명한 마술사가 '인도의 물(Water of India)'이라는 퍼포먼스를 선보였을 때, 청중들은 가슴에서 우러나오는 반향을 일으킨 바 있다.

그렇다. 물은 마치 마법처럼 본래의 용도를 교묘히 벗어나 이런저런 파장을 낳고 있다. 그것이 하나의 시급한 현안, 또는 남용된 사례, 복잡한 문제라고 할 때, 딱히 그 어떤 하나라고 할 수는 없다. 총체적인 문제라고 해야 옳다.

모디는 인도에서 수자원 문제의 심각성을 정확히 이해했다. 상황은 매우 암울했다. 구자라트주에는 1600킬로미터에 달하는 해안선과 거대한 나르마다(Narmada)강, 그리고 수많은 작은 지류들이 있다. 거의 모든 작은 강들은 제방이 형체를 알아볼 수 없을 정도로 부서지면서 말라가고 있었다. 산림보호 구역은 고갈되고, 해안 담수화 프로젝트는 사정이 여의치 않아 지연됐다. 게다가, 나르마다강에 필요한 댐은 연방정부 내 분쟁, 환경문제 및 정치적 신뢰 논쟁 등이 빚어지면서 운명이 불확실한 상황에 놓여 있었다.

　사람들은 한 방울의 물이라도 더 얻기 위해 악전고투했고, 농부들은 말라버린 들판의 희생양으로 밀려났으며, 중소산업체들은 막대한 비용을 물어야 했다. 그렇다 보니, 구자라트주 경제는 누적된 충격을 받아 주요 경제지표들이 엉뚱한 방향으로 내몰리고 있었다. 연방정부로부터 할당받는 재정은 위태위태한 수준에 이르렀고, 진취적인 주 였던 구자라트는 사막처럼 변질해 활력을 잃어가고 있었다.

　그래서, 모두가 물을 이용할 수 있게 하는 것 자체가 모디가 추구한 최우선 과제였다. 누구나 수자원에 접근하게 하는 것은 그에게 주어진 미션이었다. 그는 나르마다 댐의 높이를 적정한 수준으로 올려 줄 것을 연방 당국에 요청했고, 운하 연결망을 확보하기 위해 길을 열었으며, 국가 계획위원회와 국가 재정위원회로부터 필요한 만큼의 지원을 받는 데 성공했다. 그 결과, 많은 지역에서 가정용 및 농업, 그리고 산업용의 물을 공급받을 수 있게 됐다. 자연스레 농업 생산량이 증가했고, 황무지에서도 경작이 시작됐다. 컷치(Kutch)주의 적막한 일부 사막에서도 드디어 녹색 지대의 부활을 목격할 수 있었다.

　모디의 노력은 녹색 자원을 원하는 만큼 최대한 활용하려는 하나의 운동이었다. 농부들은 당장 효과를 느끼기 시작했다. 그들의 구매력이 향상되면서 휴대전화와 인터넷, 오토바이, 자동차, 자택, 농장 주택, 리

조트 같은 것들이 농촌 경제에 하나둘씩 자리를 잡아 나갔다.

이유는 간단했다. 물과 유권자가 궁합을 이뤘기 때문이다. 모디는 연방정부 총리취임 직후, 구자라트주 사다르 사로바르댐(Sardar Sarovar Dam)의 높이를 더 올리자는 후임 주 총리 아난디벤 파텔(Anandiben Patel)의 허가 요청을 받아들여 댐의 물을 사용할 수 있는 인구를 수백만 명 이상으로 확대했다. 사다르 사로바르댐은 인접한 세 개 주가 공유하고 있었기 때문에 중앙정부의 승인이 필요했다. 구자라트주 총리 단독으로 해결할 수 있는 일이 아니었다.

사다르 사로바르 나르마다 주식회사(Sardar Sarovar Narmada Nigam Limited)의 수석 엔지니어 파티브 비야스(Parthiv Vyas)는 인도 변혁을 추진하는 국립 기관 위원회(NITI Aayog)의 자료를 인용해 다음과 같은 사실을 전한다. 구자라트주가 3년 연속 인도 최고의 모범적인 물관리 사례로 선정됐다는 것이다. 2019년 8월 24일, 가젠드라 씬 섹하바트(Gajendra Sinh Shekhavat) 수자원 관리 장관과 라지브 쿠마르(Rajiv Kumar) NITI Aayog 부의장이 참석한 가운데 '수자원 종합 관리 지수(CWMI) 2.0'이 발표됐다. NITI Aayog 최고 경영자 아미탑 칸트(Amitabh Kant)는 CWMI 2.0의 발표 목적이 관련 전문 관계자들이 모여 각 주들이 어떻게 더 나은 수자원을 관리할 수 있는지를 논의하기 위한 것이라고 설명했다.

　　CWMI는 주 정부와 연방정부가 협업해 이룬 성과를 평가하고 수자원 관리를 더욱 효율적으로 개선하는 데 필요한 중요한 지표이다. 모든 주 정부와 연방정부가 농촌 개발을 위한 동반자로 참여해 수자원 자료 합동 수집에 나선 끝에 완성한 것이었다. 2019년 발표된 보고서에 따르면, 기준 연도(2017-2018) 중 구자라트주 1위를 차지했고, 안드라 프라데시(Andhra Pradesh), 마디아 프라데시(Madhya Pradesh), 고아(Goa), 카르나타카(Karnataka), 타밀나두(Tamilnadu)가 그 뒤를 이었다.

　　수석 엔지니어 파티브 비야스는 지속 가능한 성공이 새로운 인도 총리가 취임한 단 몇 주 만에 이뤄졌다며, 댐 완공의 장애물을 제거한 모디 총리의 비전 덕분이라고 강조했다. 특별법에 따라 수자원 관리부가 신설됐고, CWMI 2.0는 최고 정책 기획 기관인 NITI Aayog의 감독 아래 나온 수치이다. 그 후, 수자원 관리는 국가 최우선 과제로 떠올랐다. '모든 가정에 물을'이라는 뜻의 슬로건인 '하르 가르 잘(Har ghar Jal)'은 인도 곳곳의 각 가정 수도꼭지에 언제나 물을 공급하게 될 것이다.

파티브 비야스는 이렇게 말한다.

"수자원 관리의 사례를 살펴보면, 우리기 복지의 혜택을 온 국민에게 제대로 전달하고자 한 지도자의 확고한 사명감의 사례를 만날 수 있습니다."

전력난

인도의 전력은 생산 부족, 전기 절도, 석탄 공급 차단, 부적절한 분배 및 관리 결함으로 어려움을 겪고 있다. 인도 전체 국민에게 중단 없는 전원을 공급한다는 것은 정말 어려운 일이 아닐 수 없다. 구자라트주도 거의 마찬가지의 상황에 직면하고 있었다. 당시 전력 생산 및 배전을 담당하는 주 전기관리국은 막대한 손실을 입고 있었다. 모디는 이런 상황의 근본 원인을 파악한 후 곧바로 개선 조치를 취했다. 관련 규정을 엄정하게 준수하도록 지시해 우선 전기 절도를 막고 관리 제어시스템을 개선했으며, 송전 인프라의 질을 개선했다. 드디어 반전이 일어났다.

마침내, 구자라트주는 가장 외딴 마을을 포함해 도시 가정, 그리고 기업에 이르기까지 충분한 전력을 차질 없이 공급할 수 있게 됐다. 전례 없는 일이었다. 더불어, 전기 생산의 주원료인 석탄 기반의 공급체계도 보완했다. 태양열, 풍력 및 수력 발전 시스템을 상업적인 대체 자원으로 활용할 수 있는지를 확인하기 위한 연구를 동시에 진행했다. 연구에는 민간, 그리고 공공 부문이 함께 참여했다. 이런 움직임은 미디어, 비즈니스 저널, 나아가 학계에서 반드시 주목하는 경영 사례 연구로 알려졌다.

하지만 국가 차원의 인도 상황은 사뭇 다르다. 정책 과제로 넣어야 할 목록들이 숱하다. 모디 총리는 월스트리트 저널과 인터뷰에서 이렇게 말했다.

"국가가 세계적인 경쟁력을 확보하려면 정부가 민간 부문 제조업에 투자해 기업들을 지원해야 합니다."

인도 정부가 예전에 수억 명의 사람들을 어둠에 빠뜨리곤 했던 대규모 정전사태를 피하기 위해서는, 모디 총리가 구자라트에서 했던 것처럼 전력 부문을 일신해야 한다.

먼저, 글로벌 경쟁력을 갖추기 위한 다음과 같은 2단계 공식이 필요하다. 첫 번째는 어디에서나 전력 이용이 가능해야 하고, 두 번째는 더 싸게 생산해야 한다. 우선, 어디서나 전력을 이용할 수 있게 하려면 구자라트 모델을 면밀히 살펴봐야 한다. 그리고, 더 싸게 만들기 위해서는 석탄 가격을 자율화해야 하고, 그 가격이 인도인들의 경제 수준에서 적정한지를 따져야 한다.

모디를 제외한 중앙정부의 몇몇 장관들은 구자라트의 전기 부문을 개혁하는 데 앞장섰던 사우랍 파텔(Saurabh Patel)과 함께 이를 심도 있게 논의했다. 최근 석탄 사기 사건에 연루된 기득권 세력의 가격 카르텔, 그들의 고의적인 현지 생산 차단, 수입 개방, 원자재 가격 인상, 그에 따른 생활비와 생산비 증가 등등 여러 문제들이 논의 대상에 올랐다. 이런 파괴적인 움직임들은 14억 명의 노동 인력, 적당한 규모의 천연자원, 그리고 전 세계에 생산하고 판매할 수 있는 역량으로 장전한 인도 경제의 성장을 가로막는 장애물이었다. 모디는 이런 요인들이 뒤섞여 인도의 추진력을 떨어뜨리고 있음을 알았다. 이는 곧 그가 사방팔방에서 직면하는 적대감의 원인 중 하나이며, 우리는 지금 그런 현실을 목도하고 있다.

인도에는 4억 명에 달하는 사람들이 전기 없이 살고 있다. 반면, 소수의 사교계 인사들은 소셜 미디어에 촛불 조명이 담긴 상류층 인사들의 사진을 올리고 있었다. 실로 엄청난 역설적 상황이 아닐 수 없다. 다시 말하지만, 모디의 의도는 평등을 내세워 허세를 부리려는 게 아니었다. 그것은 모두가 자신의 삶을 벗어 던지고 새로 시작할 수 있는 그라운드 제로(ground zero)를 창조하는 쪽에 더 가까웠다.

세계 태양광협의회 의장인 프라빈 메하타(Dr. Pranav Mehta) 박사에 따르면, 대체에너지가 멀지않은 미래에 연료 및 전력 비용을 실질적으로 낮추는 파격적인 기술이 될 것으로 전망된다. 모디의 지휘 아래, 인도는 그 길로 큰 걸음을 내디뎠다.

루피의 구매력

경제를 각 학파들이 자신들에게 적합하게 개발한 지표를 가지고 설명하기란 쉽다. 최근, 국내 총생산(GDP), 연 복합 성장률(CAGR), 경제성장률, 재정적자, 경상수지 적자, 그리고 수치에 기반한 다양한 해석들이 각종 언론의 헤드라인과 토론 및 여러 정책 기획의 과정을 장식하고 있다. 이것들은 따로 떼어 놓으면 얼핏 공정해 보일지 모르지만, 거시경제 측면에 더 치우치는 경향이 있다. 하지만 보통 사람들에게 더욱 중요한 것은 자신의 수입에 담겨있는 실질적인 구매력이다. 1인당 국민소득이 15퍼센트 증가했는데 동시에 생활비도 15퍼센트가 증가했다면, 실질적 가치와 구매력에 있어서 잠식당한 부분을 어떻게 해석할 것인가? 앞서 언급했듯이, 진정한 경제력 지표는 이런 질문에 답을 해야 하는 게 아닐까?

모디는 인도 총리로 등극하기 직전인 2013년 델리의 슈리 람 상과대학(Shri Ram College of Commerce)에서 마을 단위의 구매력이 국가 경제성장의 열쇠라고 언급한 바 있다. 그의 이런 발언은 경제가 나아가야 할 방향을 명확하게 꿰뚫고 있는 실증경제학자의 견해처럼 들린다. 이는 과거를 되돌아보며, 인도의 새로운 총리 후보가 경제의 기본을 바로 세울 의사를 밝혔음을 의미했다. 루피로 현재보다 더 많은 필수품을 살 수 있을 때 성장이 다가올 게 분명하다. 이런 접근법은 돈의 교환가치나 양의 문제라기보다는 돈의 힘과 질에 초점을 맞춘 것이다.

2013년, 모디는 첸나이(Chennai)에서 저명한 법학자 나니 팔키왈라(Nani Palkhiwala)를 추모하는 강연을 하고 있었다. 당시 그는 인도의 통합진보동맹(United Progressive Alliance: UPA) 정부를 다시 공격하고는 곧바로 선거 모드로 들어갔다.

그는 다음과 같이 힘주어 말했다.

"강한 경제가 뒷받침되지 않는다면, 세계는 인도에 매력을 느끼지 않을 것입니다."

"오늘날, 우리의 루피는 중환자실(ICU)에 있습니다."

단순한 그 한마디는 깊은 의미를 품고 있었다. 그는 루피의 강세가 곧 경제의 강세를 나타내는 주요 지표라고 생각하고 있었다. 거기에는 또 '외국인 직접투자(Foreign Direct Investment, FDI)'의 장기 지표가 실려 있다. 외국인 투자자들은(미국 달러 같은) 강력한 통화를 장기간 투자하는 게 매력적이라는 사실을 안다. 왜냐하면, 강력한 통화는 계속 가치가 하락하는 루피보다 높은 수익을 제공하기 때문이다.

영국 노팅엄 대학(University of Nottingham)이 발표한 '외국인 직접투자와 환율'이라는 한 경제학 논문은 신흥시장의 국가에 미국인들이 직접 투자한 사례를 다루고 있다. 이 논문은 변동성이 큰 환율이 외국인 직접투자를 방해하는 요인임을 분명히 보여주고 있다. 아울러, 경제환경이 양호하고 해당 국가의 정치 경제적 여건에 대한 외국인 투자자들의 신뢰가 아주 중요하다는 사실을 결론적으로 밝히고 있다. 2019년 당시만 해도, 인도 경제가 조정받는 동안 루피는 상당히 안정세를 유지하고 있었다.

복지를 빌미로 대형 부패를 부추기는 경제환경에서는 거대한 금융 사기꾼들이 활개를 치기 마련이다. 국가 자원을 불법적인 해외 계좌로 빼돌린 다음, 통화 카르텔과의 정치적인 결탁을 통해 그들의 도움을 받아 환율을 인위적으로 평가절하했다가 그것을 되돌려주는 행위는 정치에서 흔히 벌어지는 일이었다. 이는 노팅엄 대학 연구 결과를 뒷받침한다. 특히, 통화가치가 약하고 환율의 변동성이 큰 국가에 대한 외국인의 직접투자는 필수품과 핵심 산업 원자재 가격의 안정화를 해치려 드는 투기적 집단으로부터 견뎌내기 힘들다.

정석에 따라 매진하는 경제와 투기 카르텔의 힘겨루기가 계속되고 있다. 누군가가 나서 이런 상황을 종식시키고, 장기적으로 최선을 다한 투자가 진정한 수익을 거둘 수 있는 안정적인 기반을 마련해야 할 것이다.

모디는 행동하는 정치학자로서 진취적인 구자라트주에 투자를 유치하기 위해 무려 10년 이상 온 힘을 기울였다. 경제력 수준이 자신이 통제할 수 있는 선에서 떨어져 있는 현실에도 불구하고 말이다. 그것은 곧 그가 품고 있던 강력한 경제의 비전이 투자 환경과 어우러져 인도 경제를 정상 궤도에 올려놓게 하고자 하는 포석이었다. 그는 금과 원유, 달러의 단기적인 투기성 가격을 지켜보며 줄곧 우려를 표명해 왔다.

장기 투자의 유치는 인프라를 확장시켜 구매력을 높이고, 상품이 소비자들을 찾아가 삶을 더욱 개선시킬 수 있는 조건이다. 모디는 세계 경제의 대가들에게 이 메시지를 확실히 전할 수 있는 능력을 갖추고 있다. 그들의 이익 또한 모디와 같은 의도에 있다. 모디가 2019년 두 번째 집권에 성공한 후, 그의 주요 임무는 인도 경제를 부흥시키는 것이었다.

연료 가격의 난맥상

인도 경제의 또 다른 큰 복병은 연료 가격이다.

2012년 5월 23일 수요일 저녁, 모디는 의회 다수당인 국민의회당(Congress Party) 과 좌파 정당들의 연합체인 UPA가 휘발유 가격을 리터당 7.5 루피 인상하자 맹렬히 비판하고 나섰다.

그는 자신의 생각을 트위터에 올렸다.

"휘발유 가격의 대규모 인상은 UPA의 대표적인 실패작이다. 회기가 끝난 지 하루 만에 단행한 유가 인상 결정은 의회 권위를 실추시킨 것이며, 국민은 이런 정부를 용서하지 않을 것이다."

인도는 세계 최대의 휘발유 수입국 중 하나임에도 불구하고 국제 시장에서 적절한 대우를 받지 못하고 있다. 우리는 거래 조건의 모든 것을 담고 있는 '이용 약관'의 내용을 따지지도 않고 다 받아들였다. 우리는 구매 대금을 인도 루피로 지불할 수 있는 옵션을 무심코 넘겼고, 대량 구매에 따르는 할인 협상을 하지 않았으며 휘발유 운송비를 둘러싼 문제에 의문을 제기한 적도 없다. 뿐만 아니라, 마치 선택의 여지가 없는 것처럼 세금을 부과했으며, 의회는 그에 따른 가격 인상 결의안을 만장

일치로 통과시켰다. 그리고, 국민을 위해 공공 서비스를 베푼다는 명분을 내걸어 의원들에게 휘발유 대리점을 나눠줬고 차량 연비에 의문을 제기한 바도 없었다. 말 그대로, 우리는 세계 석유 무역의 중간상 역할을 했을 뿐이다. 우리는 대체 연료를 장려한 적도 없었다.

  모디 총리는 천연가스와 바이오가스를 기반으로 한 대체에너지를 대안으로 모색하고, 운송 수단 등을 움직일 혁신적인 탄화수소를 논제로 거론해 왔다. 다시 말하지만, 연료와 대체에너지의 통제는 중앙정부의 석유 정책과 세계 메이저 석유회사 자회사들의 가격 책정에 놓여 있었다. 이들 자회사는 메이저 석유회사에서 대량의 석유를 들여오며 달러를 비롯한 외화로 거금을 지불하고 현지 통화가치를 조작하는 방식으로 루피의 가치를 약화시키고 변동성을 키워왔다. 그런 과정에서 정부는 가격의 주도권을 번번이 빼앗기곤 했다.

  우리가 이런 근본적인 이해에 합리적인 접근을 했더라면, 모든 사람들, 특히 인도 국민에게 아주 유리한 석유 정책을 펼 수 있었을 것이다. 그러나 막상 최종적으로 석유를 소비하는 국민을 이해 당사자로 간주한 적이 없었던 까닭에, 국민 모두의 구매력을 남용해서 메이저 석유회사들에 이익을 모두 넘겨주고 말았다. 독립한 지 꽤 세월이 지난 지금, 인도는 건전한 무역 국가 중 하나로서, 괄목할 만한 성장을 거듭하며 시장을 확장해 나가는 국가로 변모했다. 인도는 이제 얼마든지 유리한 조건을 보장받을 수 있는 구매자 시장의 강자로 당당히 서게 됐다.

그러나 불행하게도, 국가의 장기 무역정책을 수립해야 할 의무를 가진 입법자들 자체가 석유 딜러들이다. 우리는 뿌리에서부터 모순을 심어 놓은 채 출발한 셈이다. 우리는 이제 물가가 오를 때 마냥 '꿋꿋하고 상냥하게' 순응해야 할지, 아니면 입법자들의 의회 입성을 도와준 국민들의 생활비가 턱없이 올라 그들의 목을 죄는 상황을 걱정해야 할지 선택해야 한다. 궁합이 전혀 맞지 않는 쌍둥이 남매 '잭과 질(Jack and Jill)'처럼 말이다.

연료는 식량과 전기 다음으로 중요한 에너지이다. 물류와 사람들의 이동은 꾸준히 증가하고 있으며, 이는 오늘날 삶의 필연적인 현상이다. 휘발유 가격이 오른다고 할 때, 운송은 생산비용과는 별개로 휘발유 가격을 결정하는 주요인이다. 휘발유는 바퀴 달린 자동차로 이동하고, 바퀴는 디젤로 움직인다. 세상은 그렇게 돌고 돌며 이제 저비용의 전기차에 올라탈 채비를 하고 있다.

위생문제 해결

인도의 앞에 놓인 또 다른 큰 문제는 바로 위생이다. 바로 바다에서 연못, 고체 폐기물이 흘러다니는 하수, 그리고 공공장소, 교육기관, 병원과 거리에 이르기까지 위생은 정말 심각한 문제다. 5,600 킬로미터에 달하는 인도의 긴 해안에서 국제 표준에 맞는 해변은 고작 몇 개에 불과하다. 큰 강들은 강 나름대로 위생 문제에 시달리고 있다. 교육기관들이 처한 곤경은 말할 필요조차 없다. 공공 병원과 대중교통 상황도 마찬가지이다. 위생 문제는 숨겨져 있는 것이나 신성한 것을 언급하는 게 아니다. 아주 심각한 문제임에도 그저 아무런 생각 없이 옆에다 제쳐놓은 것 중 하나일 뿐이다.

모디는 위생 문제를 최우선 해결과제로 삼았다. 그는 구자라트주 전역에서 위생 프로그램을 가동하고, 구체적인 실행 방안으로 각 마을과 자치단체의 성과에 따라 상금을 수여하는 포상제를 실시했다. 구자라트주가 그 과정에서 1위, 2위 또는 10위를 차지했다는 정치적인 선전효과를 강조하려는 게 아니다. 그렇다고 해서, 모디의 열정을 과소평가하려는 것도 아니다. 아마 인도 정치사에서 누군가가 나서 위생 문제를 이렇듯 진지하게 다룬 경우는 이번이 처음일지 모른다.

대다수 인도인들은 제대로 된 화장실 없이 살고 있었다. 따라서 야외에서 배변하는 것이 일상적인 모습이었다. 민주주의 가면을 쓴 지 오랜 시간이 지난 지금, 공공 행정을 다루는 세계 유수의 대학들은 인도인이 야외에서 대변을 볼 수 있는 자유를 세상의 여덟 번째 불가사의로 바라보는 지경에 이르렀다. 모디 총리는 그의 첫 임기 안에 인도에서 야외 배변을 없애는 나라를 만들겠다는 프로그램을 선언했고, 지금 그 선언을 거의 성공적으로 이행해 가고 있다.

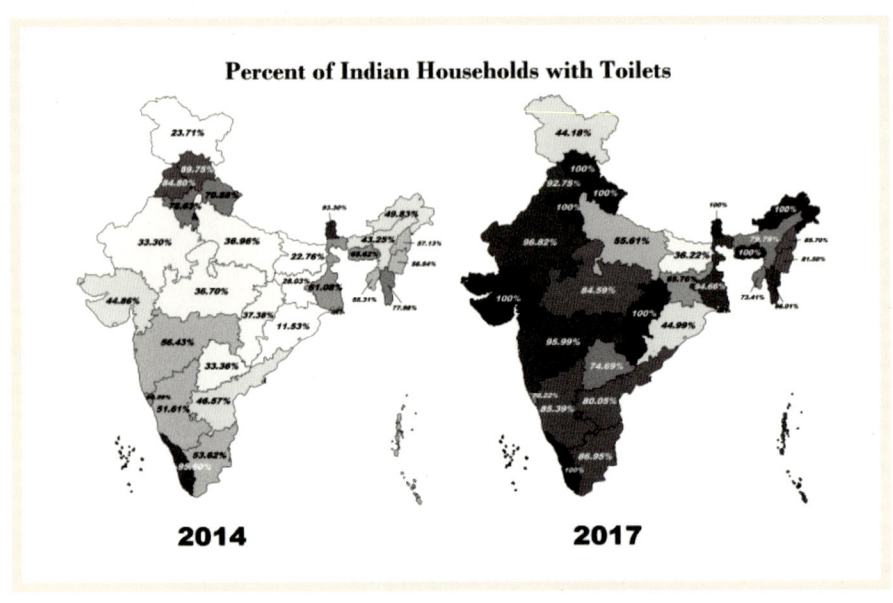

인도 가정 화장실 설치 현황 (2014년과 2017년 비교)

그가 내건 슬로건은 '스와치 바하라트 미션(Swachh Bharat Mission, SBM)', 즉 '청정 인도 미션'이었다. 슬로건에 따라, 2019년 2월까지 전국에 9,160만 개의 화장실을 설치했다. 당시, 마메시 찬다파 진가이나기(Ramesh Chandapa

Jingainagi) 식수 위생부 장관은 지금까지 인도의 28개 주 가운데 27개 주 55만 개의 마을이 '야외 배변에서 자유로워 졌다'고 선언했다. 이 미션의 성공으로 국가건강지수를 크게 끌어 올렸다. 모디 총리는 질병 예방에도 큰 노력을 기울였다. 그는 위생 문제를 곧바로 민주주의 국가의 존엄과 연결시켜 바라보고 있다. 시간이 지나면, 모디의 이런 발상이 어떻게 실현될지 알게 될 것이다.

지금까지 살펴본 대로, 위생, 연료, 전기, 물, 루피의 구매력은 우리 누구든 반드시 동의해야 하는 핵심 현안들이다. 물론 법과 질서, 사법 장애, 부패, 공공 체제, 교육 및 건강도 평등의 원리에 따라 중요하고 시급하게 다뤄야 할 문제들이다. 하지만 세세하게 들여다보면, 핵심 현안들을 처리하는 데 최우선 순위에 있다. 모디는 이 지점에서 능력과 정치적 의지를 분명히 드러냈다.

'깨끗한 인도(Clean India)' 캠페인의 효과가 나타나고 있다. 사람들이 속속 참여하며 순조롭게 출발하고 있다.

09

"바다가 잔잔하면
누구나 키를 잡을 수 있다!"

09

"바다가 잔잔할 때는 누구나 키를 잡을 수 있다."

1세기 로마의 격언 작가 푸브릴리우스 시루스(Publilius Syrus)의 말이다.

2014년, 인도는 그다지 평온하지 않았다. 독립한 지 66년이나 지났다는 사실이 환각처럼 느껴졌다. 민주주의는 가면을 쓰고 있었다. 투표는 그저 상품에 지나지 않았다. 사람들은 실정에 시달리며 갈팡질팡하고 있었다. 리더십은 별다른 문젯거리가 되지 않았다. 사람들에게는 자신이 원하는 후보를 지도자로 선출할 기회조차 주어지지 않았기 때문이다. 암암리에 선출 공직의 자리를 놓고 담합이 벌어졌고, 여론조사는 흥정에 놀아났다. 여기에 국민이 끼어들 여지는 없었다.

민주 정부가 이렇게 돌아가니 굳이 국민의 동의는 필요 없었다. 국민의 지지 또한 충분할 리 없었다. 하지만 지도자는 달랐다. 충분한 수의 의원들 지지를 받아야 했고, 의회 다수 세력을 이끄는데 걸맞은 큰 조직을 반드시 운영해야 했다. 어느 정당이든, 우리는 유망한 지도자를 사전이든 사후든 여론조사의 결과를 살펴 가며 선출하는 민주 제도를 찾아

볼 수 없었다. 한편으로는 민주주의의 힘을 찬양하면서, 다른 한 편으로는 그것을 철저히 무시했던 우리의 민낯이었다. 최근 마하라슈트라(Maharashtra)에서 벌어진 소동이 대표적인 사례다.

인구 피라미드

인도인들은 그저 한 표를 행사하는 유권자 정도로만 인식됐다. 선거는 빈민층 유권자들에게 5년 만에 한 번씩 정당들이 제공해 즐기는 예능 프로였다. 돈과 권력이 그들을 지배했다. 선거에서 정당들이 내건 약속 중 유일하게 지켜진 것은 현금과 공짜 술이었다. 그것만으로 표를 모아 선거에서 승리하는데 충분했다. 인구의 피라미드에서 맨 아래층의 유권자들은 더 이상 어떤 것도 바라지 않았다. 도시에서 교육받은 중산층도 자신의 투표가 결과에 아무런 영향을 미치지 못한다고 생각했다. 피라미드 맨 아래층의 투표율이 높으면 중간층의 투표율이 낮았다. 그럴 때면, 피라미드의 꼭대기가 완전히 혼란에 빠지곤 했다. 이런 상태의 민주주의는 인도 문화의 기반을 거의 무너뜨렸다. 빈곤층은 턱없이 부실한 복지에 매달려야 했고, 중산층은 외국으로 이주할 기회나 호시탐탐 노렸으며, 악의 세력들은 불법으로 부를 축적하려 들었다.

성과 중심의 정치로 가다

모디는 명문 정치가문에서 나온 인물이 아니다. 그는 자원봉사단체인 국민의용단(RSS)에 들어가 모래로 덮인 전국의 험로를 전전하며 활동하면서 능력을 인정받았다. 그런 다음, RSS를 기반으로 정당으로 출범한 인도국민당(BJP)에서 당의 이념에 부응하는 정치 발전방안을 모색하는 책임을 맡았다.

그는 정치적 구상을 하기보다는 실천하는 과정을 통해 지도자로서 면모를 갖춰 나갔다. 그러면서 사람들의 마음을 조금씩 얻어 나갔다. 드디어, 2001년 구자라트주의 총리로 선출돼 지도자로서 봉사할 기회를 잡았고, 계속 괄목할 만한 성과를 이뤄냈다. 그런 노력이 차곡차곡 쌓여, 그는 전국 단위의 정치권에 진입할 수 있었다. 모디는 자신에게 주어진 기회를 십분 활용해 인도의 정치 판도를 '선전' 중심에서 '성과' 중심으로 전환하는 데 크게 기여했다.

모디의 신조는 온통 진보와 발전이었다. 그는 당파를 넘어 동시대인들에게 새로운 열정의 불을 붙였다. 그는 선동이 아닌 정책의 실질적 성과로 유권자들의 마음을 사로잡기 시작했다. 어느 정도, 개발 정치(politics of development)의 면모가 생겨났다. 비록 초기 단계였지만, 인도의 곳곳에서 변화의 추세를 알아차리고 개발 주도의 통치 방식을 따르기 시작했다.

한때 유권자들이 선거 현장에서 벌어지는 선물 공세나 금전 살포에 익숙했다고 한다면, 이제는 자신의 일상에서 중요하고 또 변화를 가져올 실속 있는 문제들을 다루는 정치에 관심을 기울이기 시작했다.

이런 현실은 더 큰 질문으로 이어진다. 지도자와 조직을 연결하는 게 얼마나 중요한 일인가?

다양한 정치적 성향에 싸여있는 복잡한 인구구조를 고려할 때, 조직을 대중 커뮤니케이션에서 차별화해서 이끄는 것은 온전히 지도자의 권한에 달려있다. BJP가 그런 사실에 비춰 신중한 자세를 취하고 있었다. 당내에서 심도 있는 논의가 이뤄졌다. 마침내, 모디는 2014년 의원 선거에서 BJP의 선거운동을 이끄는 중책을 맡게 됐다.

2013년 9월, 그는 당의 총리 후보로 선출됐다. 구자라트주 총리 시절 쌓았던 우수한 업적과 인도 전역에서 증가하는 지지세를 감안한 당원들의 확고한 결정이었다. 당 고위 지도자들 사이에 건전한 논의가 있었고, 그렇게 해서 내린 그들의 결정은 대중들에게 찬사를 받았다. 국가 앞에 놓인 난제들을 충분히 논의한 끝에, 선거를 앞두고 지도력의 정비를 무난히 끝냈고, 캠페인의 방향을 제대로 설정했으며, 거기에 걸맞게 책임도 할당했다. 인도에서 가장 중요한 선거 중 하나가 흥미롭고 강력한 정치 마케팅 사례 연구로 부상하고 있었다. 모디가 독재 스타일의 지도자상을 갖고 있다는 억측은 온당치 않다. 그는 조직을 통해 리더십과 제반

하부 조직의 조화로운 상호관계를 유지하기 위해 애를 썼다.

뉴노멀의 인본주의

　인도는 이제 더 이상 국제 권력 질서의 변방에 있는 나라가 아니다. 14억에 달하는 인구는 융성한 경제, 방대한 금융 기관, 다국적 기업, 신흥 전자상거래 플랫폼, 정치 학파, 정보 기술 통합 및 철학 이론들을 향한 희망의 빛이다.
　인도는 온 인류의 동반자로서 세상에 뉴노멀(new normal)의 방향을 제시하고 있다. 인도는 통합 인본주의라는 혁명적 과업을 수행하기 위한 토대를 마련하고 있다. 즉, 새로운 세계질서의 구축에 많은 기회를 제공하고자 한다. 현 정치와 경제, 사회에 동조하는 사람들이나 반대하는 사람들 모두 함께 모여 공존하며, 인류가 현상을 유지하고 개선하며 성장할 수 있는 더 나은 플랫폼을 만들어 나가야 한다. 온갖 불협화음, 재앙 및 갈등은 고스란히 가라앉혀 스트레스 없는 세상을 일궈야 한다.
　우리가 지향하는 새로운 길이다. 다문화 기반의 다채로운 '피라미드 아래층'의 권력이 주류로 진입해 세상을 구성하는 생각과 행동을 새롭게 규정한다. 요컨대, 자칭 왕조 정치에서 진정한 민주 가치로 옮겨가려면,

자신의 수준을 스스로 높이는 새로운 지도력이 필요하다. 물론 이것이 처음 일어나고 있는 일은 아니다.

전통적으로, 인도는 역사의 흐름에서 몇 세기와 몇천 년에 걸쳐 주도적 지위를 유지해 왔다. 하지만, 최근 몇 세기에 걸친 짧은 기간 동안 인도 문명은 침략과 약탈, 그리고 저열한 정치적 음모에 휘말려 길을 잃고 말았다. 적들은 교묘하게 정치적으로 침투하면서 인도에서 유래한 지식을 재활용하거나(자신의 것인 양) 포장해 훼손시켰다.

시대가 요구하는 지도자

필요는 모든 발명의 어머니이다. 인도의 민족주의 정당인 BJP는 2014년 총선을 앞두고, 조직과 지도부가 혼연일체의 시너지를 내 얼핏 유능하게 보이는 인물을 총리 후보로 내세우고자 했다. 이는 정치환경이 민족주의 정당에 유리하게 흘러가고 관련해서 세계의 정치지형도 변하고 있었기에 시대적 요구로 반드시 성사시켜야 했다. 모디는 이 순간 지휘봉을 잡고 자신의 존재감을 알리기 시작했다.

전통적으로 인도 의회 선거에는 때마다 놀라운 파도가 일어, 시대가 요구하는 지도자들에게 충분한 다수 의석을 제공해 왔다. 모디는 왕조

정치와 기득권 세력에게 가해진 정치적 짐을 짊어질 필요가 없었다. 따라서, 국가의 방향을 바꾸고 많은 업적을 이룰 수 있는 인물로 전국적인 지지를 받으면서 인도 유권자들이 원했던 변화의 물결을 타고 있었다.

지도력은 정당의 오래된 공식을 반드시 따르지 않아도 된다. 유권자들은 이제 성과와 대중의 감정을 기반으로 지도자를 선정해 인도 민주주의에 새로운 길을 열어놓고 있었다. 모디는 자신의 선택이 올바른 것이었음을 입증할 만반의 준비를 하고 있었다.

야합의 정치를 진정한 연합으로

정치적 지도력은 인도에서 거의 문제가 되지 않았다. 세습 정치, 정치 운동, 그리고 억지로 맺어진 정당 간 야합이 인도 정치의 기본 속성이었기 때문이다. 간혹 비상사태나 전대미문의 부패 스캔들로 세습 정치가 권력에서 일정한 간격을 두고 있을 때도 있었다. 이때, 정치 운동 세력들이 새로운 지도 그룹을 만들고자 했지만 지속 가능할 만한 수준까지 가지는 못했다. 지도자에게 결함이 있었든지, 아니면 정치 운동 세력의 연합에 균열이 생겨난 탓이었다. 권력은 민중들의 몇몇 이해들을 내세워 일시적으로 연합한 정치세력들이 한순간 롤러코스터를 타다가 다시 세습 정치로 돌아오기 일쑤였다. 무슨 정변이 나든 이야기의 끝은 세습 정치의 부활이었다. 기득권 세력의 부패와 도덕성의 추락에 문제를 제기했던 대중의 불만들은 억눌려 다시 수면 아래로 내려가고 권력은 예나 다름없이 유지돼 왔다.

1977년, 인디라 간디 정권의 독재나 다름없는 정책 결정이 나오면서 비상사태가 선언되자, 민중들 사이에 노도와 같은 반발이 일어나 자나타당(Janata Party)이 이끈 연합 정부가 집권했다. 그러나 이후 이런저런 내부 갈등과 모순으로 인해 연합 정부는 곧 무너지고 말았다. 사람들은 이런 정치 실험에 극도의 실망감을 드러냈고, 그 여파로 세습 왕조는 압도적 다수로 재집권에 성공했다. 결국, 왕조를 겨냥했던 다양한 정치 실험, 운동 조직, 그리고 정치연합체들은 대중의 지지를 받았던 이점을 공고히 하지 못했다. 그들의 정치는 세습 정치가 한눈을 판 사이에 생겨난 정치적 일탈로 여겨지고 말았다.

모디가 인도 총리 후보로 부상한 것은 어떤 정치적인 모의나 집단적인 분노에서 나온 게 아니었다. 그것은 각계각층의 사람들에게 성장의 방향을 올바르게 제시하고 이행할 그의 역량을 기반으로 한 것이었다. 그는 구자라트주의 선거에서 무려 10년 넘게 승리했다.

그가 지도자로서 인도를 구하고 나아가 주들에게 건전한 경쟁을 부추겨 부단히 발전할 수 있는 길을 닦았다는 사실은 사람들의 마음뿐만 아니라 다양하게 정치를 분석하는 자리에서 여전히 회자되고 있다. 지도자로서 명백한 위상은 인도의 기득권 세력들의 앞날에 족쇄를 채워 놓은 셈이 됐다.

그들은 모디 총리가 자신들과 같은 부류가 아니라는 것을 깊이 통찰하고 있었다. 그렇다. 모디는 권력을 잡았을 때 어떻게 해야 대중의 주목을 받을 수 있는지를 잘 알고 있는 인물이다. 기득권 세력들이 모디에게 품고 있는 온갖 적대감의 이면에는 앞으로 그들이 오랫동안 권력에서 밀려나 있을 상황에 대한 두려움이 깔려 있다. 그래서, 일부 언론들은 기회를 틈타 그들에게 시간을 할애하고 거짓 이야기를 제공하면서 쉽게 돈을 벌기도 한다.

사람들의 마음을 사고 성과를 올리며 역량과 비전을 드러내고 덕목을 발휘하는 게 이제 지도자를 선택하는 아득한 울림이 되고 있다.

지난 수십 년에 걸쳐 사람들은 야합의 정치가 국가와 국민보다는 얄팍한 사적인 이득을 우선시하는 관행으로 진화하는 모습을 지켜봤다. 결국, 지역 정당들이 우후죽순 늘어나면서 순간순간 야합의 통치 스타일이 횡행했다.

국가의 부를 정치연합 집단들이 나눠 갖다 보니 연정 동업자들이 계속 같은 정치를 고수하는 주된 이유로 작용했고, 국가는 고스란히 피해를 떠안게 됐다. 정상을 벗어난 높은 생활비, 보잘 것 없는 루피의 구매력, 그리고 온 국민이 받는 심리적 스트레스로 인한 사회적 불안과 테러, 개발 과정의 혼란 등이 이어지면서 민생의 질은 형편없이 낙후되고 있었다.

2014년, 민중의 열광

2014년 의회 선거는 보통 사람들 사이에 전례 없는 열기를 불러일으켰다. 다양한 플랫폼에서 등장한 표현들을 보면, 충분한 근거를 찾아볼 수 있었다. 무엇보다, 인터넷과 소셜 미디어를 통해 자유롭게 표현되는 요소들이 비교적 교육 수준이 높은 전국의 도시민들에게 큰 영향을 끼치고 있었다.

농촌 빈민층의 반대쪽 끝에서 이러한 연결의 고리들은 놀라운 성과를 발휘했다. SNS와 WhatsApp을 통해 교환되는 일종의 짧은 문구들이 퍼지면서 농촌 빈민층이 66년간에 걸친 정치적 억압에서 벗어날 수 있다는 생각을 하게 했다. 그들은 억압을 받아 가난에 빠져야 했고, 자유롭게 생각을 할 수 없었으며, 어쩔 수 없이 허구적인 복지에 의존해야 했다. 권력은 그들을 자신만 선택해야 하는 유권자로 악용해 왔던 것이다.

앞에서 언급했듯이, 정보기술이 인도의 지방 언어[24]로 확산하면서 엄청난 변화를 끌어냈다. 2013년 주 총선의 결과를 살펴보면, 시골에 사는 사람들이 정치를 바라보는 자세가 확실히 달라졌다는 사실을 알 수 있다. 그들의 의식이 점차 깨어나기 시작하고, SNS 연결이 확대되면서 인도 정치의 흐름이 2014년에 분명히 변하게 될 것이라는 정치적 분석이 나오기도 했다

모디는 이런 변화를 예의주시하고 있었다. 그는 선거운동을 관리하면서 산전수전을 다 겪은 바 있다. 이제 그는 뒷방에서 허드렛일이나 하는 소년이 아니었다. 그가 가는 곳마다 거대한 군중이 몰려들었다. 그는 대중의 마음에 자신의 존재감을 확실히 심어줬다. 언론은 건설적인 정치인 연설이 나와도 상응하게 적절한 보도를 하지 않는 게 그동안의 관행이었다. 하지만 이제는 그렇게 했다가는 자신이 사람들로부터 외면당할지 모른다는 위험을 감지하기 시작했다. 모름지기 언론의 생명은 시청률과 구독자에 달려 있지 않은가.

상호 연결된 인도의 대중은 더 이상 정보를 받기만 하는 대상이 아니었다. 그들은 몇 초 만에 찬성과 반대의 의사 표현할 수 있었고, 그것을 신문이나 타블로이드, 그리고 텔레비전 채널보다 더 빨리 전국에 퍼뜨릴 수도 있었다. 최근 들어 정치 전략가, 분석가, 평론가, 미디어 기획자, 광고 대행사, 공공업무 담당자, 그리고 행정부를 전례 없던 불안 상태로 몰아넣는 것은 다름 아닌, 대중매체를 통해 뿜어져 나오는 예측할

수 없는 연결성이다.

　투표율이 전에 비해 현저히 높아지고 있었다. 유권자들은 이제 더 이상 얄팍한 정치가 베푸는 공짜 혜택에는 반응하지 않았다. "우리를 속일 수는 없다"라는 생각이 그들의 마음을 다잡고 있었다. 그들은 나라의 분열과 억압, 그리고 체제 붕괴로부터 구해낼 정직하고 유능한 지도자를 찾고 있었다.

　일종의 환각에 빠져있던 독립에 대한 허위의식, 권력을 향한 탐욕, 국고 재원을 둘러싼 만성 부패가 진정제처럼 여겨졌던 나라가 이제서야 잠에서 깨어나기 시작했다. 국민은 그동안 자신들이 어떤 대우를 받아왔는지 잘 알고 있었다. 그들은 자신들이 추구해야 할 목표, 성취해야 할 꿈, 그리고 앞으로 나아가야 할 길을 뚜렷이 생각하고 있었다. 바야흐로 변화가 임박한 것이 분명했다

　선거가 다가옴에 따라, 모디는 더욱 명확하게 자신의 방향을 제시했다. 오프라인 집단이 이제는 온라인에서도 활동하고 있었다. 당시 일기 시작한 정치적 파동과 진동은 선거에서 쇠퇴한 정치이론들보다 훨씬 더 많은 역할을 수행했다.

비정치 집단의 선거 참여

매우 흥미로운 요소 중 하나는 바로 비정치 집단들의 선거운동 참여였다.

고조된 분위기에 더해, 휴대전화와 메시지 시스템을 비롯한 대화형 인터넷으로부터 영감을 받아, 수많은 개인과 조직 및 지원 그룹이 '내가 무엇을 할 수 있을까?'라는 질문을 던지며 시간을 내고 전략을 짰다. 그들 개개인은 기본적으로 독립적인 싱크 탱크이며, 그들 주변의 다른 사람들에게 영향력을 미칠 수 있는 정치적 지혜의 저수지였다. 지금까지 치열한 전쟁터나 다름없었던 오프라인 선거운동의 현장 구성은 보통 각 정당의 당원들과 산발적인 동조자들에 한정돼 있었다. 하지만 이번에는 상황이 달랐다.

모디를 위해 선거운동을 벌이려는 비정치인들이 대거 등장했다. 세계 각지에서 최소한 2,000명 정도의 해외 인도인들이 조국에 집결했다. 그들은 대규모 의사소통, 물류, 관리, 정보 기술 및 전략적 핵심 역량, 그리고 풍부한 선거운동 경험을 가지고 들어왔다. 그들은 지도력의 필요성은 아무리 강조해도 지나치지 않으며, 모디가 자신의 약속을 지키고 있다고 믿었다.

선거가 있기 직전, 한 지지자는 다음과 같이 말했다.

"만약 모디가 2014년 선거에서 압도적 다수의 지지를 얻어 대권에 오르다 해도, 그것은 그리 놀랄 만한 일이 아닙니다. 그는 언제나 바람을 거슬러 항해해 왔지만, 이제 인도의 정치 바람이 그와 함께 가고 있는 것 같습니다."

10

투표로 쟁취한 권력

10

투표로 쟁취한 권력

　모디 총리는 인도 등 신흥경제권 5개 국가의 브릭스(BRICS) 회의에 참석하러 가는 도중 베를린에서 독일과 아르헨티나의 2014 FIFA 월드컵 결승전을 관람하게 됐다. 모디가 세계에서 가장 큰 민주주의 국가인 인도의 총리로 당선돼서 처음으로 참석하는 국제 정상회의가 바로 월드컵 결승전과 겹친 것이었다. 2014년 인도에서 실시된 의회 선거는 월드컵 축구 경기와 흡사했다. 인도인들은 바로 인도 국가대표팀이 처음 결승전에 진출이나 한 듯이 결연하게 선거를 치렀다. 선거운동 중 곳곳에서 인도인들의 응원 소리가 아주 크고 뚜렷하게 울려 퍼졌다. 인도 국민은 압도적인 승리를 거뒀다. 앞서 선거 이전의 양상을 다루며 언급했듯이, 나렌드라 모디의 지도력 아래 인도국민당(BJP)이 확고부동한 승리로 집권당의 자리에 올랐던 것이다.
　모디의 승리는 힌두교, 이슬람교, 기독교, 그리고 시크교 등 어떤 종교를 막론하고 인도인 모두에게 희망을 안겨줬다. 드디어 인도의 보통 사람들이 자신들을 위한 투표로 세상을 바꿔놓았다.

네 차례 국면의 전략

모디는 전략의 설계, 분석에서 그리고 구현까지 최선을 다했다. 유권자들을 하나하나 직접 상대한다는 것은 정말 보통 일이 아니었다. 특히, 지역마다 총리 지망생들이 포진하고 있는 지방분권의 다당제 선거에서는 더욱 그러했다. 모디로서는 그런 선거의 양상을 유리하게 이끌기 위한 네 가지 국면을 놓고 고심해야 했다.

우선, 인도국민당(BJP)이 함께 손을 잡은 민족민주동맹(NDA)[25] 의원들과 갈등을 빚지 않으면서 최대 의석을 확보하는 것이었다. 두 번째는 모든 우호 세력들을 하나로 통합해 포괄적인 대중 커뮤니케이션 프로그램을 만들어 내는 일이었다. 세 번째 중요한 국면은 BJP, NDA, 그리고 RSS 담당자 등 가용한 인적자원을 적재적소에 배치해 책임을 적절히 할당해주는 것이었다. 거기에는 혁신적인 아이디어를 제시한 새로운 대규모 선거운동 단체들도 대거 포진시켰다. 마지막으로, 소셜 미디어 열풍의 속도와 확산이 기존 미디어들보다 훨씬 빠른 특성을 십분 활용할 수 있는 환경을 마련해야 했다. 나아가 소셜 미디어 프로그램에서 산발적으로 생겨나는 선거 CM송, 슬로건, 보고서, 그리고 오디오 및 비디오의 내용을 효과적으로 배분해 뿌리는 채널의 관리가 필요했다.

2014년 선거는 정치 마케팅이나, 선거운동의 조직력, 카리스마적 리더십 등 선거의 향방을 가르는 굵직한 요소들에 대한 사례 연구라 불러도 무방할 듯하다. 거기에다 전통적인 인도 권력의 세습 인물이 아니라 능력 본위의 지도자를 유권자가 선택할 기회가 부여됐다는 점에서도 특기할 만했다.

모디는 2014년 선거를 직접 기획하고 설계했으며, 또 실행에 옮긴 뛰어난 지도자였다. 그는 당 간부, 개인 당원, 그리고 선거운동원 등 동원 가능한 인적 자원을 효율적으로 배분하며 합당한 책임을 골고루 할당했고, 각자가 자신의 역량에 적합한 업무를 수행할 수 있게끔 보장했다.

종합 정치 마케팅의 좋은 본보기

모디는 대중을 참여시키는 혁신 프로그램을 세심한 시선으로 만들어 냈다. 차를 마시며 토론하는 '차이 피 차르차'(chai pe charcha)라든가, 3차원 공간의 공개 미팅, 그리고 거리의 의회라 할 수 있는 '사닥 피 산사드'(sadak pe sansad) 등이 그것이다. 이 프로그램들은 누구나 매력적으로 받아들일 정도로 호평을 받았다.

　그는 공개적인 대중 집회에서도 수많은 군중을 끌어모았다. 그의 연설은 직접 유권자들을 대하면서 서로 대화하는 식이었다. 공개 석상에서 청중의 질문에 일일이 답변하는 형식의 연설은 수십만 대중을 상대하기에 아주 벅찬 일이었다. 하지만 그는 자신이 언제나 사람들을 만나면 하는 연설처럼 느끼게 했다. 군중들에게서 터져 나오는 우레와 같은 반응으로 집회의 열기가 한껏 달아오르곤 했다. 모디를 직접 보기 위해 오려는 사람들이 엄청나게 늘어났다. 사람들은 행사장 자리가 가득 차 설 곳이 없으면 주변의 나무나 기둥, 벽 등을 기어오르기까지 했다. 자신들에게 다가올 미래의 운명을 결정해 줄 것 같았던 지도자를 어떻게 해서라도 보고 싶었던 것이다.

　보통 공개 집회를 개최하는 것 자체가 의미심장한 정치 기술로 알려져 있다. 장소는 빈 공간이 없는 것처럼 보이게 세심하게 정비해 놓아야 한다. 사람들을 데려와 그 장소를 채우는 것은 서비스 제공업체의 업무이다. 그들에게 대가로 금품을 제공하는 것은 다반사이고, 그들의 도움 없이 공개 집회를 여는 정치지도자는 거의 없었다.

　하지만, 모디를 향해 몰려드는 군중의 물결은 타의 추종을 불허했다. 인쇄물과 TV 광고는 투표일까지도 유권자들의 뜨거운 관심을 불러일으켰다. 인도의 선거방식 특성상 지역별로 펼쳐지는 단계적 선거는 모디처럼 역동적인 후보의 경우 더 많은 선거구를 감당할 수 있어 시간을 유리하게 관리하는 데 큰 도움이 됐다. 예기치 않게, 선거관리위원회도 도움을 줬다. 사람들의 투표 의식을 높여 역대 최고의 투표율을 달성하겠다며 선거에 무심했던 유권자들까지 등록의 기회를 부여해 투표에 참여하도록 했던 것이다.

하지만 무엇이 전례 없는 투표 열기를 가능하게 했을까? 왜 국민들은 모디와 BJP에게 그렇게 압도적으로 표를 몰아주었을까? 질문에 대한 답변은 정치에 숱한 영향을 받으면서도 역설적으로 고뇌하며 정치를 멀리할 수밖에 없었던 대중들에게 무언가 희망의 씨앗이 던져진 결과에 있었다. 대중 심리의 그러한 변화는 인도 정치의 미래와 방향성을 새롭게 선언하는 희망의 종소리가 됐다.

승리의 근본 원인

초기 민주주의가 펼쳐지던 시절, 국민들은 나름 희망을 품고 기대했다. 그들은 적절한 생활비, 재정적 안정, 기본 인프라, 일자리, 공공 시스템, 그리고 법과 질서가 자신들의 안위를 위해 작동하기를 바라고 있었다. 그런 염원은 꿈속의 무지개처럼 사라지고 말았다. 하지만 70여년이 지난 지금, 그들의 희망은 거의 절망으로 바뀌고 말았다. 인도 사람들은 그 요인을 정책 방향이 틀렸고 그에 따라 잘못 통치해 온 데 있다고 여기고 있다. 물가가 지속적으로 상승해 온 것 또한 근본 요인이었다.

모디 총리는 우선 14억 명 이상의 사람들이 사용할 에너지 수요를 충족시키는 과제가 시급하다고 봤다. 만약 에너지 비용을 낮출 수만 있다면, 국민 개인소득의 개선뿐 아니라 인도 경제를 진정으로 세계화된 수준까지 끌어올릴 수 있으리라 판단했다.

모디 총리는 당시 권력자들이 제1단계 세계화 과정에서 인도 사람들의 에너지 수요를 정확하게 파악하는 데 실패했다는 사실을 알게 됐다. 그들은 세계화 세력들이 목표로 하는 시장인 인도가 아직 적절한 구매력을 구축하지 못했다는 것을 깨닫지 못하고 있었다. 그런 마당에, 권력자들이 인도의 에너지를 바로 글로벌 기업들의 시장으로 인식하고 있었다는 데 큰 문제가 있었다. 에너지는 지속 가능한 상업적 수요보다는 복지 수요로 접근하는 게 중요했다. 그들은 그런 측면을 전혀 배려하지 못했다. $S=I/C$ 공식이 이제서야 존재감을 발하기 시작했다.

20세기 가장 영향력 있는 경제학자 중 하나인 프리드리히 아우구스트 폰 하이에크(Friedrick August Von Hayek)가 말하는 인플레이션의 역설은 흥미롭다. 그는 이렇게 말했다.

"나는 역사가 대체로 인플레이션의 역사라고 해도 과언이 아니라고 생각합니다. 통상, 인플레이션은 정부가 정부를 위해 설계한 것입니다."

인도인들은 독립 인도의 역사를 경험하면서 하이에크의 이 정의를 올바로 깨달을 수 있었다. 그들은 그런 정의를 깨뜨리기 위해서라도 정권 교체가 매우 절실하다고 생각했다.

이른바, 선진국으로 불리는 국가들은 도대체 어떻게 해서 그렇게 된 것일까? 이유는 간단하다. 우선, 그들은 생활필수품의 인플레이션을 억제하면서 거시경제 지표에 크게 신경 쓰지 않는다. 그러면서 시장에 참여하는 대중들의 구매력을 키우고, 나아가 인프라를 탄탄하게 구축해 개인 경제를 뒷받침하며 잘 살려 발전시킨 것이다. 국가 경제는 개인 차원의 가계 경제, 통화 경쟁력, 높은 구매력, 그리고 산업 공급망 같은 강력한 수요 기반들을 모아놓은 총체라고 할 수 있다.

유감스럽게도, 인도 정치인들은 경제학자 하이에크에게서 아무런 교훈도 배우지 못했다. 그들은 인도의 루피 구매력, 수요 기반의 공급 인프라, 그리고 개인의 경제력을 약화시켰으며, 항상 장밋빛그림으로 열악한 현실을 덧칠하는데 급급했다. 우리는 국제경제에 일종의 투기장을 제공해왔을 뿐이다. 어떤 사람들은 그것을 세계화라고 불렀고, 어떤 사람들은 그것을 자유화라고 불렀다. 그러나 인도인들은 그것이 엄청난 실책이었다고 판단하기에 이르렀다. 바로 하이에크가 통찰했던 그 역설을 비로소 깨달은 셈이다.

정치인들은 인도 경제나 물가관리에서 겪고 있는 모든 어려움을 나라 밖에서 찾아야 한다고 항변해 왔다. 그들은 문제를 해결하고 관리를 해야 함에도 늘 무기력에 빠져 있었다. 그러면서도 자신들이 최선을 다해 국가에 봉사한다는 이미지를 퍼뜨리는 데 정신이 팔려 있었다. 그들은 가시적인 인플레이션 조치를 내놓을 때마다, 곧이어 그럴 듯한 명분으로 포장해 국민에게는 다른 선택의 여지가 없는 듯이 행세했다. 아마도 정치인들의 그런 상투적 작태에 식상한 나머지, 인도인들이 참다운 지도자를 갈구하며 찾아 나선 게 아닌가 생각된다.

변화의 물결 이끈 네 요소들

2013년 9월, 모디가 이례적으로 BJP의 총리 후보로 선정되자 유권자들의 마음에 정치적 변화의 물결이 조용히, 그리고 도도하게 일기 시작했다. 그런 변화의 조짐은 계속 추진력을 얻어 나갔다. 선거 기간 동안, 정치 캠페인은 보통 정당의 당원들과 당을 위해 청중 앞에서 연설을 해야하는 간부들의 영역이다. 따라서 일반 대중들은 그저 그들의 주장을 들는 입장에 서기 마련이다. 유권자는 자신의 문제에만 골몰하는 소심한 존재들로 여겨져 왔다. 그런 유권자에게서 민족주의 사상가들이 오랫동안 추구해 온 정치의 변화를 기대하기는 역부족일 수밖에 없었다.

유권자는 사실 가난한 사람들이 다수를 차지하고 있다. 가난한 사람들에게 선거는 정당과 부자인 일부 후보가 선심을 아낌없이 베풀어 '5년에 한 번 돈맛을 보는' 절호의 기회였다. 그 거대한 유권자 집단에 민주주의 따위는 아무런 의미도 없다. 그들은 선거의 핵심 동력으로 간주할 만큼 수없이 많은 표를 던진다. 독립 이후 오랜 세월을 통치한 인도 정치의 지지 세력은 대다수 가난한 인도인들이었다. 그들이 야당 정치인에게 힘을 실어줘 정치 교체의 도구가 될 것이라고는 아무도 생각하지 않았다.

가난한 계층에서 올라가면 그 위에는 교육받은 도시 중산층이 자리하고 있다. 그들은 선거 결과에 큰 영향을 끼치지 않는 계층으로 여겨진다. 그들에게 있어 선거는 유급휴가 이상의 것이 아니었다. 그들은 자신의 투표가 선거 결과에 아무런 영향을 끼치지 않는다는 정치적 무관심에 빠져 있다. 어쩌다 날씨가 좋으면, 일부 열성 지지자들이 대중 집회에 몰려가는 적도 있기는 하다. 또한, 그들 가운데 일부는 지역 지도자가 지정한 보조 선거 캠페인 활동에 참여하기 위해 당원으로 가입하기도 하고, 또 본인들이 편한 곳에서 정치 이슈를 논하기를 즐기기도 한다. 그들은 자신의 투표가 결과에 별로 효력을 미치지 못한다는 사실을 오랜 기간 지켜본 사람들이다. 그들의 삶에 투표는 별 의미가 없다. 그들은 사회나 경제에서 자신의 문제들을 접하고 관리하느라 바쁠 뿐이다. 매우 실용적인 사람들이다. 그들은 필수품 가격 하락도 바라지 않는다. 인플레이션이 그저 어차피 겪어야 할 노화 과정이나 같기 때문이다.

그들 중 다수는 항상 인플레이션의 과정을 세세하게 분석하며 정부가 가격을 인상할 경우, 무슨 수를 써서라도 그것을 정당화시키는 논리를 펴곤 한다. 심지어 언변이 좋은 사람들의 경우는 인플레이션을 옹호하기 위해 인쇄 및 전자 매체의 지식인 토론 패널로 참여하기도 한다. 그들은 자신의 이익에 반하는 진심 어린 논쟁을 중단시키는 법도 잘 알고 있다.

기득권 세력과 친해지느냐 마느냐 하는 것은 그다지 중요하지 않다. 만일 민족과 국민의 이익을 지향하는 세력이 기득권을 차지하고 있다면, 그들과 친해지는 것이 나쁘지 않다. 자나타 모르초(Janata Morcho)와 아탈 베하리 바지파이(Atal Behari Vajpayee)가 민족민주동맹(NDA)의 임기를 이끌었던 6년 간, 인도 정치는 종전처럼 인플레이션의 흐름이 가속화됐다. 모라지 데사이(Morarji Desai)가 주도한 긴급 연정 때를 제외하고 말이다. 특히 지난 십년의 통합진보동맹(UPA) 체제는 거의 인플레이션을 기획한 것처럼 만들어냈다. 자연스럽게 개인 경제는 압박을 받아 더욱 어려워졌고, 이는 결국 지속적인 경제 불안의 원인으로 작용했다.

상황은 어떻게든 달라져야 했다. 여기에서 모디의 중요한 대안은 국민에게 복지 혜택을 제공해 경제력을 강화하자는 아이디어였다. 개인경제는 국가 경제를 이루는 기반이다. 따라서, 국가 경제력의 강화는 그때그때마다 투기로 부를 창출해내는 게 아니라, 개인 경제를 통합하며 기초부터 다져 출발하는 데서 가능해진다. 이는 곧 세계화의 첫걸음이기도 하다.

그런 생각이 정치에 거리를 두고있는 듯 하며, 얼핏 무력해 보이기조차하는 유권자들의 마음에도 깊이 자리잡고 있었다. 그들의 심연에는 '고통'(agony)과 '불안'(anxiety), 그리고 '분노'(anger)의 'AAA'가 가득 쌓여 있었다. 그런 심리적 동요가 인도에서 정치적 변화를 부르는 촉매 역할을 매우 적절하게 수행했다. 나아가, 그런 반응은 2014년 인도의 한여름에 나렌드라 모디, BJP, 그리고 NDA의 연합에게 엄청난 기회를 부여한 셈이었다. 대개 여름 선거는 투표율이 감소하는 경향이 있다. 하지만 이번에는 달랐다. 여름이 최고조에 이르렀지만, 투표율은 상승했다. 유권자들 마음속 깊이 쌓여있으며 보이지 않던 그들의 고통, 불안, 분노의 높은 'AAA'가 직접적인 원인이었다.

회의론자들은 여전히 인도 인구의 대다수가 가난하고 문맹이며 정치에 무관심하고 환멸을 느끼고 있는데, 그들을 어떻게 설득해 모디와 그의 정당이 절대적인 승리를 차지했는지 의문을 제기한다. 그들은 선거 결과를 의아해하면서도 매우 조심스러워하는 눈치였다. 그들이 궁금해하는 것은 어떻게 연합 정부가 구성되고 그 과정에서 어떤 야합이 있었는지에 집중돼 있었다. 지식인들 가운데도 선거운동의 기획이 잘돼 모든 것을 이뤄냈고, 이는 한낱 정치적 속임수에 불과할 뿐이라고 지적하는 사람도 있었다.

그나마 나름의 확신으로 결과를 예측하고자 했던 낙관주의자들조차 모디의 승리를 경외심과 호기심으로 지켜봤다. 특히, 이들이 주목한 것은 비정치인과 외국 거주 인도인들로 구성된 매우 실용적 성향의 그룹 브하라티바 비카스(Bharatiya Vikas, 인도의 팽창)를 지지하는 '글로벌 인디언(Global Indians for Bharatiya Vikas)'이라는 단체였다. 이 단체는 '절대다수의 인도'라는 혁신적인 슬로건으로 캠페인을 전개하고, 전국 차원의 다양한 대중 매체와 프로그램을 통해 그 캠페인이 왜 필요한지를 자세히 설명하는데 열을 올렸다.

그들이 제기한 눈에 띄는 쟁점은, 새롭게 떠오른 인도 희망의 빛이 정치적인 이권을 거래하며 야합하는 정당들의 악행에 다시 희생돼 국민의 이익에 등을 돌리고 인플레이션을 부추기는 전제 군주제 정부로 회귀하는 것은 어떻게든 막아야 하지 않겠느냐는 것이었다. 거기에는 인도가 독립 정부로 출범한 이래, 식민지 시대의 잔재로 국민을 등한시하며 이권을 챙기는데 몰입하며 부패에 찌들었던 통치에 대한 진한 염증이 깔려 있었다.

모디 총리를 앞세워 인도 정계에서 새롭게 부상한 정치 그룹들은 강력한 인도야 말로 세계를 더 강하게 할 수 있으며, 그 조건으로 인도 국민들의 통합이 전제되지 않는다면 세계화가 있을 수 없다고 굳게 믿고 있었다. 모디는 그런 믿음을 실행에 옮겼다. 그는 그 행보의 첫 단계로 이미 자신의 정치적 고향인 구자라트에서 기본 인프라 구축에 매진해 발군의 성과를 낸 바 있다.

동시에, 모디는 공공 재정의 한계를 분명히 인식하고 있었다. 대규모 공공인프라 프로젝트의 경우 전적으로 공공 재정에만 의존할 수는 없었다. 인프라 구축 프로젝트에 활력을 불어넣기 위해서는 국내외 민간 자본을 조달하는 게 필요했다. 그는 프로젝트 수행에서 효율적으로 업무를 추진할 수 있게끔 시간을 철저히 관리하고 품질 기준을 엄격히 할 것을 각별히 강조했다. 그 과정에서 구자라트에서 쌓았던 풍부한 경험이 매우 유용하게 쓰였다. 대규모의 전문가 그룹과 기업가들, 농업종사자들 역시 자원을 합리적으로 배분해 효율을 극대화하는 게 공공 인프라를 구축해 발전, 개선시켜 나가는 유일한 길이라고 믿고 있었다. 과거 인도 정부의 주요 부처들은 힘들게 벌어들인 국가 재정 자원을 최적화해서 사용하는 데 번번이 실패하곤 했다. 하지만 모디는 각자가 모두 열심히 최선을 다하고자 했던 경제인들에게 희망의 불씨를 심어줬다. 그들은 모디가 전한 희망의 메시지를 실어 나르며 전국의 수많은 국민들에게 앞날을 낙관하는 긍정적인 영향을 미쳤다.

상황을 호전시킨 또 하나의 커다란 요인은 젊은 청년들이었다. 다른 국가들에 비해 상대적으로 젊은 인구가 많은 인도는 재능과 기술, 그리고 선의가 고여 활력이 넘쳐나는 거대한 저수지로 부상하고 있다. 앞에서 언급했듯이, 컴퓨터, 통신 및 소셜 미디어가 곳곳에서 인도인들을 촘촘하게 연결해 놓았다. 인도 사람들은 자신이 어떤 정당에, 그리고 누구에게 투표할지를 결정하는 과정에서 그동안의 관행과 결별했다. 조직적으로 선입견을 담아 전했던 인쇄물과 전자 매체들의 광고에 더 이상 매달리지 않았던 것이다. 청년들은 다른 청년들과 직접 연결됐고, 그들 간의 정보 전달 속도는 어떤 텔레비전 뉴스채널보다 훨씬 더 빨랐다. 다른 연령층에 비해 창의적인 청년들이 갑자기 정보를 생산하고 전달하는 뉴스담당자가 된 셈이었다. 청년들은 기존 미디어들이 평소에 버거워하는 프로그램 제작 및 방송 비용을 부담하지 않아도 됐다. 결과적으로, 젊은 청년들이 선거에서 막대한 영향력을 행사하는 주체로 부상했다.

다른 한편에서는, 모디가 정치의 베테랑으로 인식되고 있었다. 그의 경쟁자는 경험이 부족하고 언변이 떨어지는 인물이었다. 그래도 모디에 맞섰던 사람들에게는 청년들이 모디 같은 베테랑에게 쉽게 설득되지 않으리라는 생각이 팽배했다. 그러나 상황은 반대로 흘러갔다. 청년들은 폭풍처럼 투표장에 나타나 모디에 대한 지지를 외치며 대세로 이끌었다. 그들은 자신의 선배 세대가 결코 절망에서 벗어나지 못할 것처럼 여겼던 과거의 선입견을 전혀 의식하지 않았다. 그들은 고통과 불안, 분노 등 'AAA'를 경험하지 않은 세대였기 때문이다.

그렇다. 수백만 명의 청년들이 모디를 지지한 이유는 분명 달랐다. 그 이유는 사회 전반에 만연돼 있는 고통과 괴로움을 목격하면서 그들의 내면에 쌓인 정서였다. 그것은 모디가 인도에서 그들에게 더 나은 기회를 제공하고, 고장 난 바퀴처럼 제멋대로 굴러가던 민주주의 질서를 바로잡기 바라는 간절한 염원으로 이어졌던 것이다. 청년들은 비전을 제시하며 동분서주하는 모디에게 아낌없는 신뢰를 보내며, 주저 없이 결단을 내리며 상대방을 압도하는 선거운동을 이끌어나갔다. 결국, 모디를 지지하는 유권자모임들이 속속 생겨나 선거운동에 활력을 불어넣으면서 새로운 지도자의 승리를 굳건히 다져나갔다.

선거 방식이 과거 전통적인 것과는 사뭇 달랐다. 종전처럼 카스트나 종교적인 신념에 따라 사람들이 모인 게 아니었다. 청년들과 가난한 사람들, 중산층, 그리고 전문가들에 이르기까지 새로운 정치 플랫폼을 향해 함께 의기투합한 결과였다. 지금까지 당연시됐던 정치적 역학의 기반이 여지없이 무너지고 있었다.

역경을 무릅쓰고

2014년 5월 26일은 모디가 인도 총리로 취임하는 날이었다. 그가 세계 최대의 민주주의 국가에서 절대다수의 지지를 확보한 지 열흘 만이었다. 선거 결과는 5월 16일 발표됐다.[26] 지난 선거 과정의 열기와 흥분이 이곳저곳에서 가시지 않았던 때였다. 여론조사 결과로는 BJP와 NDA 연합의 승리가 예측된 것으로 나타났었다. 하지만, 많은 사람들이 BJP 단독의 승리까지는 내다보지 못했다. 2개월에 걸쳐 모두 7단계를 거친 역대 최장의 선거였기에 사람들은 초조하게 결과를 기다리고 있었다. 인도 국민들이 자신의 투표가 어떤 결과를 낸 지를 알아보려고 그렇게 목을 빼고 기다린 적은 없었다. 그래서인지 사람들은 대단한 축하 행사를 기대하고 있었다. 그러나, 그런 일은 벌어지지 않았다. 축하 행사에는 절제와 균형, 그리고 차분한 정서의 인도 문화가 깔려 있었다.

사람들은 자신의 믿음이 옳았다고 안도의 한숨을 내쉬었다. 그들은 행복했다. 하지만 겸손했고, 마음이 뿌듯해도 밖으로 드러내지 않았으며, 의기양양했지만 의외로 조용했다. 인도 고유의 뿌리 깊은 민족주의 문화가 축하 행사에 고스란히 반영됐던 때문일 것이다. 이는 그리 놀랄 일이 아니었다. 어느새 모디는 인도인들의 희망의 상징이 돼 있었다. 어찌 보면, 모디가 이끄는 정부는 이전과는 전혀 다른 새로운 메커니즘이었다. 모디 정부는 새로운 메커니즘으로 국정의 세세한 부분까지 살펴가며 국민의 삶을 보다 낫게 돌보게 되리라는 믿음을 주고 있었다.

　새 정부가 들어선 지 며칠이 지나지 않았다. 상하원 의원들로 구성된 유능하고 경험이 풍부한 팀이 각료회의의 멤버로 활동을 시작했다. 오로지 시청률을 올리는 데 혈안이 돼 이런저런 시나리오와 해설 보도를 쏟아내려던 몇몇 언론들이 이제는 공허함을 느끼기 시작했다. 황금시간대에 종교나 지역 자치단체 관련 이슈들로 무미건조한 지적 논쟁을 벌이며 불쾌한 어조의 방송을 내보내던 채널들도 거의 사라져 갔다. 유명 앵커들이 목소리를 높여 빛의 속도로 세상이 바뀌기를 기대하는 사람들의 생각이 과도한 것처럼 방송에서 흘리기 시작했다. 연방정부 예산이 황금시간대를 장식하는 콘텐츠로 논란거리가 되기도 했다. 방청석의 분위기는 종종 들떠 있었다. 하지만, 국민들은 놀라운 성숙함을 보여줬다. 그들은 민주주의를 회복하고 경제를 되살리며 인도 의회가 본래의 순기능을 다하게끔 변화시키는 작업이야말로 시간이 걸리는 일이라는 사실을 이미 알고 있었다.

　새 정부의 첫 예산안이 제출됐다. 예산안은 모든 사람들이 추구하는 방향을 제대로 제시한 것인지를 묻는 중대한 질문의 답변을 담고 있는 셈이었다. 반응은 매우 긍정적이었다. 정부의 금융 관련 법안은 그동안 무력증을 숙명처럼 받아들였던 인도 경제에 희망을 던진 것이라는 호평과 함께 국민들을 안도하는 분위기로 이끌었다.

　예산은 생산성의 증진에 중점을 뒀다. 거기에는 국민 혈세를 은행들이 관행적으로 자신들의 숨은 계좌로 몰래 빼돌리곤 했던 '공공 금융'의 소모적 경제를 끝장내겠다는 정부의 의지가 담겨 있었다. 나아가, 모두가 책임지는 기업환경을 만들고 일자리와 생산성, 수익성을 추구하는 투자 주도의 경제로 바꾸고자 하는 결단이 뚜렷하게 들어있는 예산안이었다. 일단, 지속 가능한 경제를 구축하면 자체만으로도 전 세계에 영향을 미치게 될 것이다. 물론, 모든 경제를 한꺼번에 올바른 방향으로 움직이게 하다 보면 거시경제 지표가 일시적으로 흔들릴 수도 있을 것이다. 2014년 7월 10일 새 정부의 첫 예산안이 발표된 이후, 로이터통신이 보도한 초기 인플레이션 지표는 매우 흥미롭고 또 안심할 수 있는 수준이었다.

　"새 정부가 농산물 수출을 제한함에 따라, 6월 인도의 도매 물가 인플레이션이 4개월 만에 최저치로 둔화했다. 하지만, 가뭄으로 인해 여름작물의 수확이 줄어들 가능성이 있어, 인도준비은행(RBI)이 금리를 현재 수준으로 유지할 계획인 것으로 알려졌다. 5월 선거를 통해 집권한 모디 총리는 고질적으로 물가가 높았고, 특히 식료품 가격 인상으로 인해 국민들의 불만이 컸던 상황을 예의주시했다. 그는 식품 가격을 안정시키기 위해 농산물 사재기를 단속하고, 양파와 감자와 같은 주요 식량자원의 수출을 제한하라고 지시했다."(로이터통신, 2014년 7월 14일)

도매에서 소매 기준으로 물가 인상률 계산 방식을 바꾸면서 현실에 기반해 경제에 접근하는 국가경영이 시작되는 듯 했다. RBI의 부총재로서 관련 작업을 담당했던 우르짓 파텔(Urjit Patel) 박사가 총재 자리에 올랐다. 사람들은 그가 인플레이션과 이자율을 관리하며 균형재정을 원만하게 이뤄 내리라 기대했다.

"2019년 오늘, 양파를 제외하고는 식품 가격 인상이 대체로 잘 통제되고 있습니다."

모디 총리는 이렇게 말했다.

"의도와 정책이 궁합을 이뤄 제 자리를 잡으면, 신의 은혜와 사람들의 사랑은 계속 더 돈독해질 것입니다."

2019년 선거에서도 상황은 거의 유사하게 전개됐다.

11

새로운 세계화의 길을 찾아서

11

새로운 세계화의 길을 찾아서

　세상은 지금 엄청난 기회를 맞고 있다. 바람직한 방향으로 선회하면, 인류 전체가 직면하고 있는 난제들을 해결하면서 우리 모두의 마음에 평화와 평온을 선사하는 그런 기회다. 우리는 그 기회를 잡을 수도 있고 놓칠 수도 있다. 선택은 전적으로 우리에게 달려있다.

　우리가 정치를 바로 세워 모두를 포용하며 번영할 것인가, 아니면 지금처럼 만성적인 불안을 방치하며 인류의 분열과 멸망을 초래할지 모를 잡다한 정치적 음모에 계속 휘둘릴 것인가? 바람직한 방향을 추구하는 정치적 마음가짐이야말로 지구촌을 낙원으로 바꿔놓을 수 있다. 그렇지 않으면, 세상은 비등점을 향해 치달으며 공멸의 길을 밟게 될 것이다.

　미래를 책임지는 가장 큰 요소는 우리의 지각 능력이다. 우리의 미래를 평화롭게 화합하며 함께 항해하는 커다란 배로 인식하는가, 아니면 큰 물고기가 작은 물고기를 잡아먹는 약육강식의 수중 세계로 인식하는가? 이는 모든 지도자들 앞에 놓여있는 질문이기도 하다. 세상의 많은 곳이 여전히 무질서에 놓여있다. 현실에 대한 정확한 인식도 없이 이쪽 저쪽을 편드는 구경꾼들이 주변에 너무나 많다. 어떤 경우에는 마치 우리가 조타기도 없이 항해하는 것처럼 보인다. 그저 온갖 탐욕에 빠져있는 다양한 세력들, 그들 사이에 내재하는 은밀한 목적, 그들의 파괴적인 행동이 우리 인간의 순박한 생각을 지배하고 있는 듯하다.

세상의 선택을 기다리고 있는 이 순간, 우리는 패러다임의 전환을 요구한다. 다시 말해, 포용적이고 통합적인 방향으로 문명을 전진시키기 위한 방향의 선회를 요구하고 있다.

우리는 경제와 사회를 통합해 구조를 발전시켜 나가야 한다. 비록 일부 경제 세력들의 악의적이고 교묘한 욕망으로 인해 세계가 거의 돌이킬 수 없는 지경으로 질식당하고 있지만, 세상이 온통 그들의 권역에 들어가 있다고 보는 것은 무리이다. 보통 사람들조차도, 몇몇 정부들과 그들의 정치 프로세스가 음흉한 경제 세력들의 지휘에 따라 움직이고 있음을 대충 알고 있다. 어떤 경우는 직접적으로, 또 어떤 경우는 간접적으로, 어떤 경우는 뻔히 알고 있는 상태에서, 또 어떤 경우는 아예 모르고 있는 상태에서, 그리고 어떤 경우는 이용하려 하고, 또 어떤 경우에는 이용당하려고 한다. 문제는 아무리 그렇다 하더라도 세계 경제가 나라마다 주도면밀하게 엮여 있어 심각하다.

세계 어디서든 사람들은 다음과 같은 고통을 피할 수 없으리라 예상된다. 폭력과 인플레이션, 가난과 불평등, 무단 임상시험과 장기(臟器) 관광, 무기와 마약 남용, 미사일 공포, 식량난, 언론의 횡포, 아동 매매, 생필품 투기, 부패, 공공 시스템의 부실, 허황한 정치적 허세, 반군 자금, 반란, 조직범죄, 공기와 수질 및 환경 오염, 주차 시비, 교통 혼잡, 물난리, 배수 문제, 상업 교육의 파행, 사법 지연, 의료 과실, 불공정 은행거래, 불균등 이자율, 정치적인 고통 등등.

인류는 그런 파행적인 현상들의 피해자인 셈이다. 사람들은 별다른 선택의 여지가 없어 보인다. 그렇다고 그들이 목청을 올릴 것이라고 기대도 하지 않는다. 간헐적 저항은 짓눌리고 나면 곧 조용해진다. 그래서 핵심적인 문제의 사안들은 세계 주류 정치의 과정에서 절대로 드러나지 않는다. 물론, 그렇게 억압해서 적당히 묻고 가는 관행 아닌 관행은 항상 불안을 추구하는 카르텔들이 사람들을 스트레스에 빠지게 디자인할 수 있는 시간을 충분히 벌어준다. 결국은, 그들의 의도를 현실화함으로써 "세상은 원래 그런 거야", 혹은 "우리는 모두 괜찮아"라는 거짓으로 인류의 눈을 가리게 된다.

우리가 지금 희망이라고 말할 때, 그것은 큰 기회를 뜻한다. 버락 오바마, 도널드 트럼프, 블라디미르 푸틴, 나렌드라 모디, 앙겔라 메르켈, 시진핑, 엘리자베스 여왕, 아베 신조, 저스틴 트뤼도, 에마뉘엘 마크롱

등 각국 정치의 중심에 있는 기라성같은 지도자들이 인류의 발전과 성장을 저해하는 현재의 상황을 잘 이해하고, 그런 위기에 대처할 방안을 면밀하게 설계해 전 세계인들의 삶을 바르고 바람직하게 이끌 가능성은 아직 남아 있다.

사물과 인간 사이의 줄다리기

사물과 존재가 함께 공존하는 세상에서 우리가 맞닥뜨리는 가장 큰 딜레마는 다음과 같다. 사물이 존재를 위한 것인지, 아니면 존재가 사물을 위한 것인지 하는 판단의 문제이다. 우리가 그 딜레마를 극복하기 위해 추구해야 할 지향점이 있다면, 그곳은 사물과 존재의 사이가 아닐까? 문제 해결을 위해서는 사물과 존재 사이에서 평형을 맞추려는 노력과 함께 주파수를 섬세하게 조정하며 시스템을 재충전할 필요가 있다.

인류는 과학 기술의 지속적인 혁신으로 생겨난 많은 사물들로 인해 놀라운 수준의 편의와 안락을 품게 됐다. 속속 새롭게 등장하는 사물들이 수많은 사람들의 호기심을 자극함에 따라, 이제 '필요'라는 단어는 이전과 다르게 재정의되고 있을 정도다. 어떤 경우는 필요가 한계를 넘어 욕망의 영역으로 넘어간다. 필요와 욕망 사이의 차이는 점점 얇아지고 있다. 그 얇은 차이가 세계화의 부작용이 난무하게 하는 근원이다. 세상의 모든 불안은 거기에서 생겨나고 키워진다. 처절한 분석이 필요한 근본 원인이다.

모디 총리가 '필요'에는 건설적으로 대처하고, '탐욕'에는 파괴적으로 대처하고 있다는 것은 흥미로운 관찰이 아닐 수 없다. 세계화의 다음 버전은 모디의 그런 방식이 될 것이라고 생각한다. 어떤 지배 체제에서든 동일한 방식을 채택하고, 향후 통치의 패러다임이 그렇게 변해 나갈 것이다. 모디 총리는 세계화를 개선하고 발전시켜 나가는 데 정말 중추적인 역할을 하고 있다. 이 책은 그런 진지한 노력을 전하는 겸손한 시도에 불과하다.

모디 총리의 방식은 진정한 세계화의 시작을 알리는 신호탄이 될 것이다. 경제가 사회에 원하는 대로 서비스를 제공해야 하지, 그 반대는 곤란하다. 사물이 존재에 도움이 돼야 하지, 그 반대가 돼서는 안 되는 것과 같은 이치이다. 1893년으로 돌아가 보자. 인도의 위대한 선지자 스와미 비베카난다(Swami Vivekananda)는 당시 시카고에서 열린 세계 종교 회의에서 세계화에 관한 자신의 견해를 밝혔다. 그는 영적으로, 그리고 물질적으로 조화를 이룬 삶의 질을 세계적으로 호환할 필요성을 설파한 것이었다. 그는 세상을 물질적, 그리고 정신적인 삶의 호환이 가능한 플랫폼에서 실행할 수 있는 융합 소프트웨어로 그려냈다. 불행하게도, 훗날 진행된 세계화는 전혀 다른 길로 갔다. 정치를 보조수단으로 삼은 전쟁과 무기의 길 말이다. 우리는 지금 영과 물질의 방대한 호환이 결코 불가능한 플랫폼에 놓여 있다.

우리는 'AAA' 등급

등급과 지수는 21세기 세계를 움직이는 힘으로 작동한다. 투자의 방향을 결정하고, 결정 과정에서 금융 체제, 기업의 세계, 상품 등의 넓은 영역을 모두 아우르면서 말이다. 세계 경제전망에서 상위를 차지하는 층들의 정서와 인식은 그 수치들에 기반해 이뤄진다.

1990년대 초반을 세계화의 출발점으로 본다면, 2019년 이후 오늘날 세계화의 개념은 이제 막 표출되기 시작했다고 결론을 내리는 것이 타당하다. 세계화는 세상을 뚜렷하게 바꿔놨다. 물질 경제는 확산 일로를 걸어왔고, 편익 제품들이 잘 팔리고 있으며, 생산기술의 혁신이 자리를 잡았다. 서비스 영역은 더 높은 궤도에 진입했다. 다른 상황도 펼쳐졌다. 세상이 모두 연결되면서 모든 게 더 단순해진 것이다. 그런 환경은 또 다른 현실적인 문제들을 해결할 실마리를 제시했다. 빅데이터는 연구와 분석, 그리고 솔루션 분야에서 새로운 지평을 열었다. 그것은 세계를 하나의 거시경제의 차원에서 그리려는 다분히 의도적인 시도였던 것으로 보인다. 우리는 국가와 시장, 그리고 경제 문제를 다뤘다. 하지만, 미시경제의 측면을 놓친 것이 아닌가 생각된다. 세계화는 아직 '문명'이라고 일컬을 만한 수위에는 도달하지 못했다. 문명은 국가 및 경제, 그리고 시장보다 훨씬 더 큰 영역이다. 우리는 아직 세계화를 자세히 정리하지 못하고 있다.

우리는 지금 불안과 분노, 그리고 고통이라는 AAA 등급을 받고 있다. 인류 문명은 절망의 터널을 통과하고 있다. 이는 세계화의 어두운 그늘이기도 하다. 우리는 수시로 변화하는 '경제 자유화'의 주기에서 겨우 유아 단계를 지나고 있는 셈이다. 지난 30년간의 유아 단계는 매우 불안정했다. 어찌 됐든, 그간의 만화경을 돌려보면 수많은 새로운 이론과 시장 경제, 과학적 혁신, 멋진 애플리케이션, 그리고 놀라운 연결망이 세상에 나왔다.

세계화의 새로운 방향

지금은 21세기의 세계화 방향을 논하고자 한다. 사실, 현대 문명사에서 새로운 방향이 나타난 적은 없었다. 문명이 전환기에 들어설 때마다,

무지갯빛 노선들이 우후죽순 나타나기는 했다. 하지만 하나의 길로 들어서지는 못했다.

지구촌 차원의 프로그램과 같은 것은 아예 없었다. 개개의 국가들은 그저 고립된 섬처럼 존재하고 있었다. 세상을 오랜 기간 지배해 온 것은 권력이란 게임이었다. 모든 권력의 투쟁은 각자 나름의 방향을 추구한다. 결과적으로, 세계는 방향타가 없는 배가 되고 말았다. 21세기와 지난 세기의 큰 차이가 있다고 한다면, 그것은 단연 상호 연결성이라 할 수 있다.

우리에게 남은 문제는 상호 연결성을 얼마나 잘 활용해 누구나 지구촌에서 순탄하게 걸어갈 수 있는 새로운 길을 만들어나가느냐 하는 것이다. 이는 국가를 넘어 개인에게도 적용되는 과제이다. 상호 연결성은 거시경제 수준의 등급이 개인 경제에도 영향을 미치는 상관관계가 적용되기 때문이다. 만약 거시경제 차원에서 받은 AAA 등급이 개인 경제에서도 그대로라면, 우리가 과연 올바른 방향으로 가고 있는지 의심을 하지 않을 수 없다.

인도의 상황은 달라져가고 있다. 아마 내 생각으로는 세계도 그렇게 될 것 같다. 현재 지구촌 곳곳에서 국제적인 갈등이 벌어져도 우리는 균형의 외교적 입장을 취하고 있다. 인도를 비롯한 중국, 러시아, 남아프리카 공화국, 브라질 등이 참여한 BRICS 은행 설립은 경제 안정에 최우선의 초점을 맞추고 있다. 거기에서 경제 안정과 복지를 열망하는 수백만 명의 가난한 인도인들에게 직접 현금 송금이 가능한 은행 계좌의 개설에 방점을 두는 것은 무척 의미가 있다. 정치 차원의 이기적인 수준을 뛰어넘어 국익을 추구하는 수준으로 전환시키는 확고한 결단을 보여주며, 공공 시스템의 효율성을 높이기 위한 발판을 마련하는 것이기 때문이다. 누구나 어떤 의문도 품지 않고 인도 사람들의 문화적 의중을 이해하고 따를 수 있게 말이다. 1,500년의 오랜 역사를 지닌 학문의 중심지 고대 날란다 대학(University of Nalanda)은 외세의 침략으로 파괴된 곳이다. 우리는 지금 물질과학과 정신세계를 올바르게 접목하기 위해 날란다 대학을 재건 중이다. 아니나 다를까, 첫해부터 적잖은 국제적 관심을 끌었다.

세계화의 문제는 접근성으로 수렴된다. 한 국가 내에서도 저개발 지역, 개발 중인 지역, 그리고 선진화된 지역 등 세 개의 경제 구역이 존재한다. 이는 남아시아와 아프리카에서 흔히 사용하는 분류 패턴이다. 세계 다른 국가들은 개발 중인 지역과 선진화된 지역 두 부류로 구성돼 있다. 만일 세계화로 남아시아와 아프리카가 저개발 상태에서 벗어나 필요한 만큼의 지역을 개발 중인 상태로 이동할 수 있다면, 세계화는 건전한 경제이론의 반열에 오를 수 있을 것이다.

모디 총리의 인도는 경제 구조를 바꾸고 있다. 세계가 인도를 신흥 시장으로 보고 있다면, 인도는 저개발 지역 사람들에게 그들이 우선 필요로 하는 물품들을 제공할 수 있어야 한다. 지속적인 글로벌 생산을 가능하게 할 수 있는 수요는 피라미드의 바닥 계층에서 생성된다. 우리가 세계 시장의 창출을 원한다면, 사람들이 살 수 없는 가격이 아니라 사람들이 감당할 수 있는 가격에 맞춰 상품을 제공해야 할 것이다.

가격을 조작해 조세 부담을 경감시키는 이른바 이전가격은 그것을 보호하는 통제시스템을 무력화시키는 개념으로 바꿔나가야 한다. 세계화가 존속하려면 통화 전쟁이 중단돼야만 한다. 인도는 가난한 인도인이 감당할 수 있는 가격으로 데이터 요금제를 판매하면서 오늘날 세계에서 가장 큰 휴대전화 시장 중 하나가 됐다. 새로운 이전가격이 제대로 효과를 발휘한 결과이다.

주택가격은 또 다른 예이다. 현재 주택가격이 매겨지는 식으로는, 주택 소유가 부유한 계층에만 돌아가게 돼 있다. 공급 측면에서 중산층이 늘어나면 수요가 늘어날 것으로 예측됐지만, 수요는 아직 그런 수준에 도달하지 못했다. 주택이란 사물들이 아직 준비하지 못한 사람들을 쫓아다닌 셈이었다.

정부가 결국 개입해 중산층뿐만 아니라 저소득층 사람들에게도 저렴한 가격의 주택을 공급함으로써, 문제를 해소해나가기 시작했다. 모디 총리의 정부가 출범한 이후 그런 가격정책이 집행돼 큰 호응을 받았다. 정부 운영의 혁신적인 사례로 지적할 만했다. 정부입장에서는 토지 비용을 무시할 수 있었기에 가능했다. 건설 비용의 대부분은 벽돌과 시멘트뿐이었다. 건설 비용을 줄일 수 있었기에, 집 없는 많은 국민들이 꿈에 그리던 자신의 집을 갖게 된 것이었다. 그들은 여전히 저소득층일 수 있고, 중산층으로 진입하는 계층의 사람들일 수도 있다. 어쨌든, 그들은 그동안 꿈조차 꾸지 못했던 집을 얻었다. 결국, 가난한 계층 사람들의 상당수가 사치로만 여겼던 자신의 주택을 바탕으로 부유층으로 올라설 발판을 마련한 셈이었다.

경제 모든 계층의 구매력에 맞춰 가격수준을 정하는 세계화야말로 사물과 인간 존재의 싸움에 종지부를 찍게 될 것이다. 인도는 인구 피라미드 구조 하단 계층의 삶을 개선하기 위해 복지 자금을 사용해 왔다. 그것은 경제와 국가 내부의 모멘텀을 유지하기 위한 선견지명이 작동한 결과였다. '누구나 이용할 수 있고, 가격을 더욱 싸게 낮추며, 단위 판매량을 늘려 성장하는 문명'이 세계화의 선결 조건이다. 모디 총리는 그 길을 걷고 있다. 전기와 통신, 그리고 주택 문제의 해결이 선명한 예시이다.

모디는 인도 사회에 한 줄기 희망의 빛처럼 떠올랐다. 그는 세계화를 더 폭넓게 이해하며 거기에 맞는 의미 있는 정책 방향을 설정하고 효과적으로 실행하면서 다른 국가들과의 격차와 간격을 좁히고 있다. 그는 그런 업적을 통해 자신의 존재감을 알리고 있기도 하다. 모디 총리가 새로운 세계질서에서 다른 나라 지도자들과 조화를 이루며, 인류를 보살 필 의지로 전쟁과 인플레이션의 역사를 멀리 한 채 올바른 방향을 제시하고 진정한 세계화를 실천한다면 그리 놀랄 일이 아닐 것이다.

그가 세계화를 지지했던 주요 인물들 중의 한 사람이었던 스와미 비베카난다의 정신을 어떻게 계승할지는 흥미롭게 지켜봐야 할 대목이다. 그 유명한 시카고 연설이 있은 지 무려 131년이 지난 지금 말이다.

옮긴이 주석

1) 인도 독립 초기, 자와할랄 네루(Jawaharlal Nehru)와 총리직을 놓고 경쟁한 상대였다. 마하트마 간디(Mahatma Gandhi)의 권유로 총리직 선출과정에서 자진 사퇴한 것으로 전해진다 자와할랄 네루는 마하트마 간디와 독립 정부 수립과정을 논의하면서 나라를 힌두와 무슬림으로 분리한다는 명분 아래 파키스탄을 독립시켰다. 이에 인도 국민주의 집단인 국민의용단(RSS)이 인도 분열의 장본인이라고 반발하며 마하트마 간디를 암살한다. 모디 총리가 사다르 발라바이 파텔을 민족 영웅으로 추대한 것은 인도와 파키스탄의 분열로 시작된 독립 인도의 출발을 통합론자의 관점에서 재조명한 것이라 할 수 있다.

2) 인도독립 직후, 초대 총리를 선출하기 위한 위원회가 구성됐는데, 거기에는 영국이 지정한 소수 인도 정치인들이 참여했다. 주요 멤버는 마하트마 간디, 자와할랄 네루, 사다르 파텔 등 독립운동의 주력들이었다. 그들 가운데 자와할랄 네루가 마하트마 간디의 지원 아래 초대 총리로 선출된다. 그의 뒤를 이어 네루의 딸인 인드라 간디와 그의 후손들이 속속 총리 자리를 이어받아 장기집권을 이어 간다. 참고로, 네루의 딸인 인드라는 무슬림 남자와 결혼을 하는 바람에 아버지의 성을 따라 받지 못하고 마하트마 간디의 허락을 받아 간디라는 성으로 총리직을 수행했다. 지금의 간디 가문은 그렇게 출발했다. 인드라 간디의 아들인 라지브 간디가 정권을 이어 받는데, 그는 1991년 폭탄테러에 의해 암살당했다. 라지브 간디는 이탈리아 여자인 소니아와 결혼했고, 라지브 간디가 사망하자 소니아 간디가 국민의회당(Congress Party)을 통해 섭정하며 인도 정국을 끌고 갔다. 현재는 라지브 간디의 아들인 라훌 간디와 딸인 프리양카 간디 빠드라가 국민의회당의 주축 세력으로 활약하고 있다.

3) 인도의 첫 번째 총리 자와할랄 네루는 사회주의자였다. 그는 당시 스탈린의 소비에트 경제를 거의 흠모하듯 찬양했다. 그래서 겉으로는 민주주의를 표방하면서 경제체제는 생산과 소비, 그리고 가격을 엄격히 통제하는 계획경제를 실시했다. 첫 독립 정부의 슬로건은 '모든 인도인이 평등하게 잘 사는 나라'였으나 경제의 실상은 소수 기득권의 이해에 맞춰 돌아갔다. 오늘날 인도 사회의 부패구조가 심각해진 데는 바로 그런 배경이 깔려 있다.

4) 라지브 간디 총리는 실제로 1985년 오디샤(Odisha)주 칼라한디(Kalahandi) 지역의 가뭄 현장을 방문한 자리에서 1루피의 복지예산에서 15파이사만 국민에게 돌아간다는 '85대15'의 현실을 고백한 바 있다.

5) 인도가 영국으로부터 독립할 당시 자무(Jammu)와 카슈미르(Kashmir) 지역은 인도와 파키스탄 사이의 독립 국가로 별다른 절차가 필요 없이 그 위상을 지켰다. 그러나, 파키스탄이 1947년 10월에 침공했고 당시 군주였던 하리 싱(Hari Singh)은 인도 정부에 구원요청과 함께 인도연합에 소속되는 조건을 내걸었다. 자무·카슈미르 지역의 토지 소유를 두 지역 사람들로 제한하는 기존법을 잠정적으로 인도가 인정하고 후일 다시 조정하기로 했던 것이다. 토지 소유 제한권은 1927년부터 시행된 것으로, 영국인들의 토지 소유를 막으려는 조치였다. 이 조치는 10년 한정적으로 유효하다는 전제 조건을 달아 인도 헌법 부속조항인 370조에 포함시켰다. 자무·카슈미르 지역은 이에 따라 인도에 귀속됐다. 그러나 두 지역은 파키스탄과 내통하는 무슬림인들이 많아 인도를 겨냥한 테러의 온상이 되고 말았다. 게다가 토지 소유 제한권이 인도인의 투자를 막는 결과를 빚어 지역발전의 커다란 걸림돌로 작용하게 됐다. 효력이 10년 동안으로 한정된 법적 조항이었음에도, 두 지역이 인도와 파키스탄 사이에 놓인 지정학적 문제로 인해 분리독립 운동과 파키스탄 배후의 테러 등 분쟁이 끊이지 않았다. 1991년 일어난 라지브 간디 폭탄테러 암살도 자무와 카슈미르 독립운동 세력들이 벌인 사건이었다. 모디 총리 집권 이후, 인도 헌법 370조는 폐기됐다.

6) 19살 소년의 자살 폭발로 40명의 인도군인이 자무 카슈미르 지역 풀와마에서 사망한 사건. 파키스탄 테러집단인 자이시-이-모하마드(Jaish-e-Mohammed)가 배후로 지목됐고, 사건에 연루된 범인들은 인도군에 체포되거나 사살됐다.

7) 1995년 모디는 구자라트를 떠나 델리에서 활동을 시작했다. 모디는 이 순간을 기회로 삼아 중앙정부 정치인들과 언론인들을 중심으로 인맥을 키우고, 자신의 소속 정당인 인도국민당(BJP)가 다시 구자라트에서 실권하자 돌아와 당을 재조직한 다음 2001년 구자라트주 총리로 집권한다. 그가 델리에서 맺었던 인연들은 훗날 인도 총리로 발돋움하는 데 중요한 발판이 된다

8) 미국 독립운동이 민주주의를 바로 세운 것과 인도의 현실을 비교해 개탄한 말

9) 인도 현대 힌두교의 일파인 스와미나리안(Swaminarayan)의 지도자. 힌두는 보통 적극적인 포교 활동을 하지 않지만, 스와미나리안은 공세적인 포교로 교세를 해외로까지 넓혀 가고 있다. 일례로, 세계에서 가장 큰 스와미나리안 사찰이 미국 뉴저지에 들어섰다. 그들의 종교행사에는 세계적 지도자 반열에 있는 추종자들이 휴가를 내서 자원봉사를 하고 있다.

10) 2002년, 한 열차가 고드라역 도착 직전에 멈추면서 59명이 사망하고 48명이 중상을 입는 대규모 살상사태가 발생했다. 이에 따른 후유증으로, 구주라트주에서는 1년이 넘는 기간 폭동이 이어져 2000명 이상이 죽고 다치며 숱한 여성들이 강간을 당했다. 모디는 이 사건을 테러리즘이라고 선언하면서 종교 갈등의 측면을 축소해 발표했다. 하지만 열차 사건 이후 일어난 폭동에 의도적으로 소극 대처를 했다는 주장이 끊이지 않았고, 여러 차례 조사가 있었지만 결국 그의 대처가 정당하지 못했던 것으로 결론이 났다. 이 사건을 내세워 BJP의 반대세력들은 모디 주 총리가 직무를 유기해 힌두 시민들의 폭동을 조장했다는 선동에 나섰다. 그들의 주장은 2012년 헌법재판소 소속 특검에 의한 국정조사에서 거짓으로 밝혀졌다. 하지만 미국 정부는 그를 힌두 극단주의자로 지정해 미국 방문을 금지하는 조치의 단초를 제공했다. 사건은 무슬림 테러단체가 의도적으로 저지른 범행으로 최종 결론이 났다. 그럼에도 중앙정부를 장악하고 있던 국민의회당(Congress Party)주도의 감사위원회에서 단순 사고로 규정하면서 혼란이 더욱 커졌다.

11) 1925년, 인도인들의 애국 사상을 부추기기 위해 사람들이 자발적으로 모여 결성한 단체다. 현재 5만 7천여 곳에 지부를 두고 있으며, 힌두주의(Hinduism)를 표방하는 애국단체로 알려져 있다. 인도 독립이전에는 독립운동 현장에서 활약했지만, 마하트마 간디의 암살을 계기로 불법 단체로 지목돼 정치권의 뒷전으로 밀려났다. 이후, 꾸준히 세력을 확장했으며 그 과정에서 모디는 자신의 정치사상과 비전을 키우게 된다. RSS의 정신을 기반으로 정치 활동을 주도하며 정치 세력으로 등장한 정당이 모디가 소속된 BJP이다. 이런 배경 때문에 모디는 극우 힌두주의자라는 멍에에서 쉽게 벗어나지 못했다.

12) 저자는 이 표현으로 모디의 예민한 성정을 드러내려 한 듯하다.

13) RSS에서도 활동하고 평생을 자원봉사에 바친 인도의 사회운동가다. 통합 인도주의(Integral Humanism)의 창시자이기도 하다. 그는 통합 인도주의를 통해 인도가 스스로 일어날 수 있다고 주장했으며, 그 주장은 모디 총리의 자주 인도 (Atmanirbhar Bharat) 운동과 일맥상통한다.

14) 모디 총리의 저서로도 출간된 구호다. "우리 모두 같이, 우리 모두의 발전과 우리 모두의 신뢰"라는 뜻이다.

15) 2017년, 인도에서 주 정부가 부과하는 부가가치세를 중앙정부의 표준 물류 서비스세 (Goods and Service Tax: GST)로 전환했다. 세금 부과의 전 과정을 전산화하는 한편 적용 범위와 세율을 전국적으로 표

준화하고 세수의 배당기준을 바꾸면서 여러 주에서 상당한 갈등과 반발이 나왔다. 일례로, 카나티카주처럼 생산이 소비보다 많은 주에서는 소비중심의 세수 할당에 불만을 드러냈다. 하지만, 과세업무의 표준화는 기업이나 대규모 자영업자의 경제 활동을 간소화하는 효과를 가져와 긍정적인 반응을 얻었다.

16) 요가를 세계에 전파하는데 크게 기여한 힌두교의 정신적 지도자.

17) 인도정당이 대부분 그렇듯이, BJP도 시야마 프라사드 무케지(Shyama Prasad Mukherjee)가 1951년 지역정당인 바라티야 자나 상(Bharatiya Jana Sangh)에서 시작됐다. 이후 1977년 총선을 거치면서 자나타 당(Janata Party)과 연합하면서 현재의 BJP(Bharatiya Janata Party)로 정착했다. 1998년, BJP는 민족민주동맹(UPA)과의 연정으로 델리의 중앙정부를 차지했으나, 2004년 실권했다. 이어 구자라트주 총리로 당을 성공적으로 이끌고 있던 모디를 중심으로 다시 세를 결집하면서 2014년 총선에서 압승을 거둬 다시 중앙정부의 권력을 되찾았으며 2019년 선거에서 재집권했다.

18) 2016년 11월 8일, 모디 정부는 신화폐 교환정책을 발표한다. 500루피와 1,000루피 구화폐 고액권을 신권으로 50일 이내에 은행에 적립하거나 교환하도록 했다. 정부는 그 조치를 통해 대부분의 현금거래를 은행거래로 전환하는 데 성공했다. 이 정책은 검은돈의 근원인 현금거래를 줄이고자 하는 노력의 하나였고, 많은 국민이 엄청난 불편을 감수해가면서 정부를 지지했다. 이후, 전자거래가 증가했고 인도경제는 눈에 띌 정도로 빠르게 성장했다.

19) 고대 인도의 힌두교 3대 경전의 하나인 '바그다드 기타(Bhagavad-Gita)'에 나오는 주인공인 판다바국의 왕자다. 힌두 최고 신인 크리슈나(Krishna)가 그의 마부로 나타나 그에게 사명과 영혼 불멸을 가르쳤다. 그는 크리슈나의 지도를 받아 사촌을 상대로 전쟁을 벌여 승리한 전설적인 인물이다. 사촌과 싸워야 하는 갈등의 상황에서 "무엇이 옳은가?"라는 질문에 합당한 답을 찾아냈다는 게 이야기의 핵심이다.

20) 모디의 고향에 있는 개선문 형태의 건축물. 퇴적암으로 지어진 12세기 건축물로 여겨지며 아름다운 조각으로 둘러싸여 있다.

21) 모디 총리의 맏형.

22) 앞서 언급된 '바그다드 기타'를 의미한다. 기원전 500년에서 200년 사이에 지어졌으며, 아루주나 왕자와 크리슈나와의 대화를 기록한 700개의 구절로 이뤄져 있다. 내용은 아루주나 왕자의 고뇌에 대한 크리슈나의 답변이다. 대화에서 인과를 통한 카르마를 설명하고 있다.

23) 기업들 사이에 원재료 및 제품, 그리고 용역을 공급하는 경우 적용되는 가격이다. 다국적 기업이 국가 간 법인세율 차이를 이용한 세후(稅後) 이익을 극대화하기 위해 이전가격을 조작하는 경우 문제가 될 수 있다.

24) 인도 전역에서는 387개의 언어가 사용되고 있고, 이 중 22개가 공용어로 인정받고 있다. 이런 연유로, 인도 화폐에는 16개 언어에서 쓰이는 숫자가 나온다.

25) 인도독립 이전에는 전국에 5백 개 이상의 왕국들이 난립해 있었으며, 왕정 중심의 토착세력을 기반으로 한 지방 정당들이 지역별로 주요 권력으로 행세했다. 따라서 중앙정부는 단독 정당으로 구성하기 어려웠다. 결국 대규모의 전국 정당은 중앙정부 권력을 나눠 갖는 식의 연합을 통해 집권할 수 있었다. 그런 연정의 대표적인 사례가 국민의회당 주도의 통합진보 정당(United Progressive Alliance: UPA)과 BJP 주도의 민족민주동맹 (National Democratic Alliance: NDA)이다.

26) 2014년 총선의 결과는 좀처럼 예측하기 어려웠다. BJP 지도부는 그래도 NDA와 연정을 모색하면 승산이 있으리라 내다봤다. 하지만 BJP가 역사적 압승을 거둬 연정 없이 단독 정부를 구성할 수 있었다.

모디 총리가 걸어온 길

1950년 9월 17일	구자라트 (옛 봄베이)주 바드나가 부락에서 하층계급 집안의 6남매 중 셋째로 출생. 어릴 때부터 아버지를 따라 기차역에서 인도에서 많은 사람들이 여행 중에 마시는 차를 기차역에서 여행객들에게 판매했다.
1968년	18세 때 관습에 따라 결혼했으나 곧 집을 떠나 콜카타 벵골 등 유랑.
1971년	집권 '인도 국민회의당(Congress Party)'에 반대하는 '바라티야 자나상(Bharatiya Jana Sangh)'에 가입. 정치활동 투신. 방글라데시 독립전쟁에 참전하려던 중 인디라 간디 총리가 인도인의 참전을 금지하는 바람에 수감됨.
1975년	인디라 간디 총리의 계엄령 선포에 따라 지하에서 정치활동을 펼치는 등 다양한 저항 운동 전개.
1977년	계엄령 해제 이후 당에서 구자라트 총괄 책임자로 임명.
1978년	델리 대학에서 정치학 전공.
1983년	구자라트 대학에서 정치학 석사 학위 취득.
1980년	국민의용단(RSS)을 모체로 전국 정당인 인도국민당(BJP)이 창당되자 선거를 지원하다 1985년 정식입당해 정계 진입.
1986년	아메다바드시 선거 캠페인에서 BJP 당을 지도하며 승리로 이끌었다. 처음으로 지도력을 보여준 기회.
1991년	BJP 처음으로 구자라트주에서 연합정부 구성.
1995년 11월	구자라트주 의원 선거 이후, BJP의 전국구 서기로 임명돼 델리로 전출.
1998년	구자라트주 총선에서 탁월한 선거전략을 펼쳐 BJP 총서기(중앙당 사무총장)로 지명.
2001년 10월 7일	구자라트주 총리에 취임. 2014년까지 14년 동안 주 총리직 수행. 최장기 총리로 명성.
2002년 2월27일	힌두교도 순례길에서 열차 화재 사건 발생. 그에 따른 폭동의 책임을 지고 BJP 지도부에 총리직 사퇴를 요청했으나 반려됨. 같은 해 12월 치러진 총선에서 압승해 12월22일 2번째 주 총리 임기 시작. 2005년 미국 등 서방 국가들로부터 종교 탄압을 한 인물이란 이유로 입국 금지당함. '민영화와 작은 정부'를 기조로 하는 자유주의적 경제정책으로 제조업 육성. 외국 투자 유치를 위해 각종 규제 철폐.

2004년	모든 주민에게 에너지 자원을 공급하겠다는 정책의 하나로 조티그램 (Joytigrm: Village lighting scheme) 실행해 구자라트주 전역에 전기 공급 완료.
2001~2010년	수도시설이 미비한 구자라트주 50만 곳에 구조물 건설해 물관리 강화. 구자라트의 농업생산 성장률이 전국 최고인 10%대를 기록. 전력공급 위해 농업용 전력과 일반 전력을 분리하는 정책으로 지방에 안정적 전기 공급.
2012년	총선에서 182석 중 115석 얻어내 구자라트 정권 재창출.
2013년	BJP 총리 후보로 지명. '부정부패에 타협하지 않는 유능한 경제행정가' 이미지로 선거 기간 내내 지지율 1위 고수.
2014년 5월 16일	인도 총리에 취임. 'Make In India' 슬로건 내세우며 제조업 육성 정책 발표. 중국을 대신하고자 하는 세계 공장 계획 추진. 1억 개 일자리 창출 목표에 따라 제조업 성장률 14%로 향상. 강력한 중앙집권 정책 전개. 이전 인도국민회의 때 있던 공무원들 대거 파직하고 총리 권한 확대. 이전 정권과 결탁한 부패 세력에 대한 대대적 감사 실시. 'Clean India' 선언으로 전국에 화장실 1억 개 설치 추진.
2014년 8월 28일	국민 금융 포용령 (Pradhan Mantri Jan Dhan Yojana) 발효. 인도의 모든 빈민에게 은행 계좌 개설. 빈민지원금이 은행으로 직접 입금됨에 따라 관련 부정부패 척결.
2014년 10월 4일	국민과 직접 대화 (Mann Ki Baat) 시작.
2014년	청결한 인도 만들기 운동 (Swachh Bharat Mission) 실시. 인도식 새마을 운동으로 우리 주변 환경을 우리 스스로 정화하자고 제안한 운동. 인도의 고질적인 환경문제를 국민의 자발적 참여로 해결하는 가시적 효과를 봤으며, 이 운동은 지금도 계속되며 주거환경을 개선하고 있음.
2014년	빈민 구제의 방안으로 은행을 통한 직접지원을 시행. '가난한 사람 중에 가난한' 이들을 대상으로 한 혁신적인 빈곤 해법이란 찬사를 받았으며, 현금과 기초에너지인 LPG를 극빈층 국민에게 지원.
2015년	영세 소상공인 지원을 위한 프로그램인 무드라 요자나(Mudra Yojana) 실행. 3억 8천만의 소상공인에게 $6000에서 $12,000까지 무담보 융자를 지원. 그들의 소득 증가가 경제 활성화에 크게 기여했다는 평가 나옴.
2016년	통합 결제 플랫폼 UPI(Unified Payments Interface) 개설. 은행 계좌가 늘어남에 따라 결제 비용을 줄이고 탈세를 방지하는 한편 디지털 화폐 중심으로 경제를 전환시켜 경제를 활성화시키는 승수 효과를 누리게 됨.

2016년	연기 없는 주방 만들기를 지원하는 프라단 만트리 유지왈라 요자나 (Pradhan Mantri Ujjwala Yojana: PMDJ) 프로그램을 실시. 여인들이 주방에서 나무나 소똥으로 불을 지펴 폐가 망가지거나 눈이 멀게 되고, 산림을 황폐하게 하던 폐해와 단절.
2016년	검은돈 차단 위해 화폐개혁 실시. 소득세 신고율이 25% 급증했으며, 그 치적을 인정받아 집권 1기의 지지율이 81%를 기록. 2017년 여론조사에서는 지지율이 88%에 도달. 반대당 지지자 속에서도 지지율 65% 기록. 2023년 2차 화폐 개혁을 통해 2,000 루피 현금을 폐지해 대부분의 금융 거래를 은행으로 양성화 유도.
2017년 7월 1일	물류 서비스세 (Goods and Services Tax) 개혁. 지방정부 주도의 부가가치세를 중앙정부 중심의 물류 서비스세 (Goods and Service Tax: GST)로 전환. 납세의 전체 과정을 전산화하고 적용 범위와 세금 적용률을 전국적으로 표준화하는 한편 세수의 배당 기준을 바꿈.
2018년 9월 23일	범국민 의료지원 방안 (Pradhan Mantri Jan Arogya Yojana:PMJAY) 실행. 5억 명 이상의 국민이 정부 지원의 의료혜택을 받게 됨.
2018년	학생들과의 대화 (Pariksha Pe Charcha) 시작.
2019년 5월 23일	총선 개표 결과 과반수인 303석 확보. 개헌 발의 가능 의석 357석에 육박.
2019년 8월 6일	인도 헌법 370조 폐지.
2019년~2024년	인도 전역의 모든 가구에 수돗물 공급한다는 계획 발표.
2020년	대중국 불매운동 지원, 미국 주도로 구성된 Quad 가입.
2021년 4월	코로나 확산. 백신을 네팔에 원조하는 바람에 지지도 하락 직면했으나 경제성장률이 예상 초과한 덕분에 지지도 9.0% 상승.
2022년 2월	5개 주 선거에서 4개 주 승리해 지지기반 확고함을 입증. 미국 여론조사에서 지지율 77%를 기록. 민주주의 국가 지도자로서 최고의 지지율 과시.
2023년 2월	지방선거에서 승리. 다음 총선에서 모디 총리 재신임 정국이 펼쳐질 것으로 전망됨.
2023년	봉급 생활자들의 소비 진작을 위해 미화 8,500불 이하 소득자를 대상으로 세금 감면 발표. 최고 소득자 세율도 39%로 하향 조정.

감사의 말씀

   이 책이 번역돼 출판이 가능하기 까지 여러 인연으로 연결된 많은 분들의 도움이 있었다. 그분들께 깊은 감사의 말씀을 드린다.

   우선, 제가 중시하는 인본주의 바탕의 리더십을 보여 인도와 한국의 관계에 관심을 불러일으키며 책을 번역하게 된 동기를 부여한 주인공 나렌드라 모디 총리께 감사함을 전한다. 모디 총리의 형님 소마바이 모디는 어릴 때부터 모디에게 "뜻이 있는 곳에 길이 있다"라는 좌우명을 새기며 자라도록 뒷받침한 분이다. 나 역시 같은 좌우명을 실천하며 성장했다. 이 책이 나에게 까지 전달돼 번역자로서 역할을 할 수 있게 한 소마바이 모디께도 감사의 말씀을 전한다. 오랜 기간, 모디 총리와 함께하며 그의 철학과 행적을 세세한 기록으로 정리한 이 책의 저자 우르비시 칸타리아 박사께도 감사를 전한다.

   내가 번역을 결심한 또다른 이유는 나의 가계가 인도와 오랜 혈연을 맺고 있는데다, 그런 연유로 인도에 대한 관심이 각별했던 데도 있다. 나는 가락국(駕洛國) 김수로(金首露)왕과 인도 아유타국(阿諛陀國)의 공주였던 허황옥(許黃玉) 왕비의 후손 김해(金海) 김씨 목경공파 73대손이다. 2014년, 나렌드라 모디가 인도 총리로 선출된 이후, 나는 제20대 국회의원으로서 융합혁신경제포럼을 창립한 바 있다. 2017년 포럼의 행사로 한·인도 협력 컨퍼런스를 열어 모디 총리의 '메이크 인 인디아(Make in India)' 정책을 뒷받침하고자 노력한 것도 기억이 새롭다.

이 책의 모든 출판 과정에서 가장 중요한 역할을 한 분은 미국과 인도에서 오랜 기간 성공적인 CEO로서 사업을 해온 최재덕(JD. Choi) 변호사이다. 최 변호사는 저자 우르비시 칸타리아 박사와 소통하며 책의 번역을 제의했고, 책의 출간에 물심양면 도움을 줬다. 이 분이 없었다면 번역 작업은 불가능했을 것이다. 그리고 짧은 기간에 성공적으로 책이 출판되기 까지 번역과 정리 과정에 도움을 주신 많은 고마운 분들이 있었다. 호서대학교 부총장 함연진 교수, 전 서울신문 박재범 주필, 김상운 태경회계법인 대표 등.

평소 많은 지도로 인도와의 관계를 강조하고 책의 출판에 정신적 뒷받침을 해주신 하연순 금곡재단 이사장님께 진심으로 감사드린다. 그리고, 책의 출판을 허락하고 짧은 기간에도 불구하고 모든 열정을 쏟아 완성도를 높여주신 전남식 그레이프미디어 대표님과 관계자 여러분께 감사드린다.

이 책의 판매 수익은 전액 한국과 인도의 각계 미래지도자 양성을 위한 기금으로 사용할 것임을 밝힌다.

황금 빛으로 부서지는 햇살아래
연푸른 신록이 더욱 짙음을 더하는
여름의 문설주에서
한국 인도의 공동 번영으로 이루어지는
세계 인류의 밝은 미래를 꿈꾸며

2023년 6월

옮긴이 湖咸 **김성태**
(사)국가미래정책포럼 회장